Frag doch mal ... die Maus!

cbj

Daniela Nase

FRAG doch mal ...

Deutschlandreise

Mit Illustrationen von
Antje von Stemm

cbj

cbj
ist der Kinder- und Jugendbuchverlag
in der Verlagsgruppe Random House

Mix
Produktgruppe aus vorbildlich bewirtschafteten Wäldern, kontrollierten Herkünften und Recyclingholz oder -fasern
FSC
www.fsc.org Zert.-Nr. SGS-COC-004278
© 1996 Forest Stewardship Council

Verlagsgruppe Random House FSD-DEU-0100
Das FSC-zertifizierte Papier für dieses Buch
Profibulk von Sappi liefert IGEPA.

1. Auflage 2008
Erstmals als cbj Taschenbuch Mai 2010
Gesetzt nach den Regeln der Rechtschreibreform

Lektorat: Anette Weiß
Innenillustrationen: Antje von Stemm,
vermittelt durch die Agentur Susanne Koppe, Hamburg
Mausillustrationen: Ina Steinmetz
Bildredaktion: Annette Mayer
Umschlagkonzeption: schwecke.mueller Werbeagentur GmbH, München
im · Herstellung: CZ
Satz und Layout: Sabine Hüttenkofer und Lea Scheiter, Großdingharting
Reproduktion: Wilhelm Vornehm PRE MEDIA, München
Druck und Bindung: Těšínská tiskárna, a. S., Český Těšín
ISBN: 978-3-570-22164-8
Printed in the Czech Republic

www.cbj-verlag.de

Inhalt

Stadt, Land, Fluss

Menschen, Bräuche und Berufe

Tiere und Natur

Gebäude und Bauwerke

Allgemeines und Kurioses

Niedersachsen

Hessen

Bremen

Eine Reise durch

Berlin

Rheinland-Pfalz

Sachsen-Anhalt

Bayern

Thüringen

Nordrhein-Westfalen

Sachsen

Saarland

Baden-Württemberg

Mecklenburg-Vorpommern

Schleswig-Holstein

Hamburg

Brandenburg

Kiel
Schleswig-Holstein
Mecklenburg-Vorpommern
Schwerin
Hamburg
Bremen
Niedersachsen
Brandenburg
Berlin
Potsdam
Magdeburg
Hannover
Sachsen-Anhalt
Nordrhein-Westfalen
Sachsen
Düsseldorf
Erfurt
Dresden
Thüringen
Hessen
Rheinland-Pfalz
Wiesbaden
Mainz
Saarbrücken
Saarland
Bayern
Stuttgart
Baden-Württemberg
München

Deutschland

Deutschland, ein Land mit Menschen in Lederhosen und Dirndln, die sich von Schweinebraten, Sauerkraut und Knödeln ernähren. Dass das nur ein Vorurteil ist, erkennt jeder, der dieses Buch in der Hand hält, wenn er an sich hinuntersieht: Nur die wenigsten tragen in diesem Moment eine Tracht. So sehen also schon mal nicht alle Deutschen aus.

Den typischen Deutschen haben wir auch nicht gefunden, als wir uns näher mit Deutschland beschäftigt haben. In der »Sendung mit der Maus« hatten wir euch gebeten, uns all eure Fragen zu Deutschland zuzusenden. Dabei kamen viele interessante, oft auch kniffelige und witzige Fragen heraus. Um Antworten darauf zu finden, haben wir uns auf eine aufregende Reise durch ganz Deutschland begeben.

Weil eure Fragen aber manchmal sehr speziell sind, beginnen wir das Buch mit einem allgemeinen Überblick über die einzelnen BUNDESLÄNDER. Davon gibt es 16 und die sind ziemlich unterschiedlich. Das kann man schon erkennen, wenn man sich Deutschland mal von oben, zum Beispiel aus einem Flugzeug ansieht. (Alle, die gerade kein Flugzeug in Reichweite haben, nehmen jetzt am besten die DEUTSCHLANDKARTE aus diesem Buch zur Hand.)

Als Erstes erkennt man die unterschiedlichen **Landschaften**. Im Norden ist das Land sehr flach und das Meer schwappt an die Ufer der Küste, in der Mitte wird es deutlich hügeliger und im Süden sieht man große Gebirge. Entsprechend leben die Menschen sehr unterschiedlich. In manchen Gegenden gedeihen Obst, Gemüse und Getreide sehr gut und die Menschen betreiben Landwirtschaft. In den Alpen und an der Küste klappt es mit dem Ackerbau nicht so gut, dafür kommen aber viele Urlauber, um im Meer zu baden oder in den Bergen Ski zu fahren und zu wandern. Entsprechend arbeiten dort viele Menschen in Hotels und Restaurants oder vermieten Sonnenschirme oder Skier. Aus dem Flugzeug kann man aber auch Fabriken sehen, in denen zum Beispiel Autos oder Medikamente hergestellt werden. Und in den Bürohäusern brüten Menschen über Bauplänen oder den neuesten Zahlen einer Bank.

In den folgenden Kapiteln über die Bundesländer werden wir deshalb auch gucken, wie die verschiedenen Landschaften aussehen und wo die Menschen arbeiten. Oft hängt das eng miteinander zusammen.

In den einzelnen Bundesländern gibt es sehr unterschiedliche **Menschen**. Das liegt auch daran, dass Deutschland früher aus sehr vielen kleinen Staaten bestand, in denen verschiedene Völker lebten. Das macht sich heute noch bemerkbar, wenn ein Norddeutscher zum Beispiel nach Bayern kommt, dort mit »moin, moin« grüßt und ihm ein »Grüß Gott« entgegenschallt. Was es damit auf sich hat, klären wir in diesem Buch genauso, wie wir **Bräuche, Feste** und **Besonderheiten** aufspüren, die es oft seit Jahrhunderten nur in ganz bestimmten Teilen Deutschlands gibt.

Jedes Bundesland hat eine eigene **Landesregierung** mit einem Regierungschef. Die werden von den erwachsenen Bürgern des Bundeslandes gewählt. Die Länderregierungen beschäftigen sich mit all dem, was in ihrem Land passiert. Also zum Beispiel damit, was in den Schulen gelernt werden soll. Da kann es dann auch von Bundesland zu Bundesland Unterschiede geben.

Neben den Regierungen in den einzelnen Ländern gibt es auch noch die **Bundesregierung**. Die hat ihren Sitz in der Hauptstadt Berlin. An ihrer Spitze steht der Bundeskanzler beziehungsweise die Bundeskanzlerin. Die Bundesregierung kümmert sich um die Dinge, die alle Bürger in Deutschland betreffen. Das sind zum Beispiel die Außenpolitik, also der Kontakt zu anderen Ländern, oder die Verteidigung Deutschlands durch Soldaten.

→ Jedes Bundesland hat sein eigenes Wappen und natürlich hat auch die Bundesrepublik Deutschland ein **Wappen**. Das könnt ihr oben auf Seite 11 sehen. Es zeigt einen schwarz-roten Adler auf goldenem Grund. Der Adler gilt als König der Lüfte und steht für Mut und Kraft. Er ist eines der ältesten Wappensymbole der Welt. Von den Römern übernahm Karl der Große um das Jahr 800 nach Christus diesen Raubvogel als Zeichen seiner kaiserlichen Macht und ließ einen metallenen Adler an seinem Palast in Aachen anbringen. Auch wenn die Machthaber im Gebiet des heutigen Deutschlands seitdem noch oft wechselten und der Adler als Wappentier im Laufe der Jahre des Öfteren seine Bedeutung und auch sein Aussehen veränderte, ist er doch bis heute das Wappentier Deutschlands geblieben. Wer sich das Wappen genau ansieht, kann auch erkennen, dass Adler und Hintergrund in den Farben der Nationalflagge gestaltet sind: schwarz, rot und gold.

Den **Bundesadler** findet ihr an vielen Orten: Er hängt im Bundestag in Berlin, ist in eurem Pass abgebildet und auch auf den deutschen Ein- und Zwei-Euromünzen zu finden. Euro – der Name verrät es schon: Deutschland liegt mitten in Europa. Und in fast allen europäischen Ländern bezahlt man seit 2002 mit dieser einheitlichen Währung.

→ Deutschland in den Grenzen, wie ihr sie auf unserer Deutschlandkarte seht, ist noch sehr jung. Es besteht in dieser Form erst seit dem 3. Oktober 1990. Damals trat die Deutsche Demokratische Republik (DDR) der Bundesrepublik Deutschland (BRD) bei. Damit wurde die Trennung der beiden deutschen Staaten beendet. Sie war nach dem Ende des Zweiten Weltkrieges 1945 entstanden. Damals konnten sich die Sieger des Krieges (USA, Großbritannien, Russland und Frankreich) nicht auf eine gemeinsame Politik im besiegten Deutschland einigen. Das führte letztlich zu einer Teilung des Landes in zwei unabhängige Staaten, die erst durch die **Wiedervereinigung** am 3. Oktober 1990 beendet wurde.

So, bevor es gleich mit den einzelnen Bundesländern losgeht, lösen wir noch eine grundsätzliche Frage, nämlich warum Deutschland eigentlich **Deutschland** heißt?

Das Wort »deutsch« leitet sich vom althochdeutschen »diutisc« ab, das schon vor über 1200 Jahren gebräuchlich war und so viel bedeutet wie »dem Volk eigen«. Man meinte damit die Sprache, die das germanische Volk sprach. »Deutsch« bezeichnete erst einmal kein Land, und auch kein Mensch sagte über sich, er sei »deutsch« oder wie es damals hieß »diutisc«. Die Bezeichnung »diutisc« wurde vor allem in Büchern benutzt, wenn man über das einfache Volk und seine Sprache berichtete.

Ungefähr 300 Jahre später spricht man schon von »diutischi liute«, also »deutsche Leute«, und auch von »diutsche lant«, »deutsche Lande«. Das klingt jetzt schon ziemlich nach »Deutschland«, aber aufgepasst: »Deutsche Lande« ist die Mehrzahl. Es sind mehrere verschiedene Gebiete, in denen deutsche Leute wohnen, also Menschen, die deutsch sprechen. Es ist aber nicht ein Land, in dem zum Beispiel überall die gleichen Gesetze gelten und um das herum eine einzige Außengrenze verläuft. Aber eine entscheidende Veränderung in der Bedeutung des Begriffes hat sich bereits ergeben: Er bezeichnet jetzt nicht mehr nur die Sprache, sondern schon das Volk, also die Menschen.

Es dauert aber noch viele hundert Jahre, genau genommen bis 1871, bis man das erste Mal von »Deutschland« spricht. Damals fasste man die meisten deutschsprachigen Gebiete zu einem Staat zusammen, der den Namen DEUTSCHES REICH erhielt.

Das Rätsel um »Deutschland« wäre gelöst, aber für alle, die Dietmar, Dieter oder Dietrich heißen, haben wir noch eine kleine Zugabe: Auch in »diet« ist das alte Wort für »Volk« enthalten. Ihr kommt also aus dem Volk der Deutschen.

Baden-Württemberg

Baden-Württemberg liegt von allen 16 Bundesländern im Alphabet an erster Stelle. Deshalb haben wir dort bei der Landesverwaltung auch zuerst nach der Bedeutung des Wappens gefragt und gleich etwas Wichtiges erfahren: LANDESWAPPEN sind etwas ganz Besonderes und man darf sie nicht einfach – so mir nichts dir nichts – in einem Buch abbilden. Dafür braucht man eine offizielle Genehmigung. Das liegt daran, dass ein Wappen, genauso wie die Flagge, ein Land repräsentiert. Wer also das Landeswappen benutzen möchte, der muss nachfragen. Das haben wir getan und tatsächlich von allen 16 Bundesländern die Erlaubnis erhalten, das jeweilige Landeswappen abzubilden.

Am Wappen von Baden-Württemberg kann man erkennen, dass dieses Bundesland nicht immer eine Einheit war. Links stützt der WÜRTTEMBERGISCHE HIRSCH das goldene Schild und rechts der BADISCHE GREIF, ein Fabelwesen. Sie sind die Hüter des Landes, das 1952 nach einer Volksabstimmung aus den Teilen Baden, Württemberg-Hohenzollern und Württemberg-Baden gegründet wurde. Die früheren Wappen dieser Gebiete findet man oben, in der Mitte der Wappenkrone. Das Wappen von Baden-Württemberg symbolisiert aber nicht nur die Einheit von Baden und Württemberg, sondern erinnert auch an die Geschichte. Deshalb sieht man in der Mitte drei schreitende Löwen. Sie sind das Zeichen der STAUFER. Das war ein altes, mächtiges Adelsgeschlecht, das

im Mittelalter in Europa herrschte. Ihren Namen leiteten die Staufer von ihrer Stammburg Hohenstaufen ab, deren Ruinen man noch heute bei Göppingen sehen kann.

Dass Baden-Württemberg aus unterschiedlichen Gebieten zusammengesetzt ist, kann man auch hören. »Wir können alles. Außer Hochdeutsch« ist der Werbespruch des Landes – und er stimmt. Hochdeutsch hört man selten, aber dafür im Norden des Landes FRÄNKISCH und im Süden ALEMANNISCH. Das sind aber nur die Oberbezeichnungen der Dialekte. In jeder Region wird der Dialekt wieder etwas anders gesprochen und hat dann auch einen eigenen Namen. Zum Alemannischen gehören zum Beispiel Dialekte wie Schwäbisch und Badisch.

DIALEKTE sind etwas für Einheimische. Wer nicht aus der Gegend kommt, kann in Baden-Württemberg schon beim Lesen der Speisekarte verzweifeln. Oder wisst ihr, was Brägele, Bubenspitzle, Flädle, Knöpfle, Kracherle, Riebele, Ofenschlupfer, Schäufle oder Schlosserbuben sind? Hier heißt es mutig sein und ausprobieren oder ein Wörterbuch zum Essen mitnehmen.

Hochdeutsch können die Baden-Württemberger also meist nicht. Aber alles andere – behaupten sie selbstbewusst. In einer Sache sind sie tatsächlich ganz groß: im Erfinden. Der erste Skilift, der Dübel, die Dauerwelle und der erste Benzinmotor wurden hier erdacht. Und auch heute gibt es in Baden-Württemberg die meisten neuen ERFINDUNGEN. Wie wichtig manche Entwicklung war, zeigt das Beispiel des Benzinmotors von Gottlieb Daimler und Karl Benz. Noch heute ist Baden-Württemberg das Land der Autobauer und viele Menschen arbeiten in diesem Bereich.

Karl und Berta Benz auf ihrem Automobil »Benz Victoria«

Die Baden-Württemberger sind ehrgeizig und liegen manchmal sogar miteinander im Wettstreit. Zum Beispiel um die Frage, wo der höchste Baum Deutschlands wächst. Seit 1997 werden regelmäßig zwei Douglasien, das sind Nadelbäume, in Eberbach (Odenwald) und Emmendingen (Südbaden) vermessen. Im Moment liegt Eberbach vorne. Hier steht mit über 62,45 Metern der höchste Baum Deutschlands. Nur 1,94 Meter kleiner ist der Baum in Emmendingen.

Und noch ein Rekord: Auch der größte See Deutschlands liegt in Baden-Württemberg. Es ist der BODENSEE. Seine Ufer sind fruchtbar, das bedeutet, hier wachsen Pflanzen wie zum Beispiel Obstbäume und Weinreben ganz besonders gut. Das wussten schon die Steinzeitmenschen und errichteten deshalb am Ufer des Sees ein Pfahldorf. Wie die Menschen dort vor 6000 Jahren ihre Häuser bauten und lebten, kann man noch heute im Pfahlbautenmuseum in Unteruhldingen besichtigen. Wer einmal frei lebenden Affen begegnen will, ist am Bodensee auch richtig. Auf dem Affenberg Salem leben 200 Berberaffen, deren Vorfahren ursprünglich in Marokko lebten, ganz ohne Zäune und Absperrungen. Wer durch den Wald spaziert, wird sie treffen.

Pfahlbauten im Bodensee

Wen es in Baden-Württemberg eher hoch hinaus zieht, der sollte in den SCHWARZWALD fahren. Hier liegt der höchste Berg des Landes, der Feldberg (1493 m). Aber nicht nur wegen des Berges ist der Schwarzwald bei Touristen beliebt: Hier werden seit 280 Jahren Kuckucksuhren gebaut. Dass jede volle Stunde ein Kuckuck ruft, ist übrigens nur einem Missgeschick zu verdanken. Eigentlich wollte der Erfinder der Kuckucksuhr, dass ein Hahn mit seinem Kikeriki zur vollen Stunde kräht. Ihm gelang der Ton aber nicht richtig. Es klang immer eher nach einem Kuckuck. Und deshalb verkündet noch heute ein Kuckuck und kein Hahn die volle Stunde.

In einigen Gemeinden des Schwarzwaldes kann man an Festtagen etwas Besonderes beobachten: Frauen tragen dann zu ihrer Tracht einen weißen Strohhut, auf den acht Wollkugeln aufgenäht sind. Die Kugeln heißen Bollen und der Hut entsprechend Bollenhut. Das handgefertigte Kunstwerk ist ganz schön schwer: Bis zu zwei Kilo tragen die Frauen damit auf ihrem Kopf. Die Bollen gibt es in zwei Farben: Unverheiratete Mädchen haben rote, verheiratete Frauen schwarze Bollen auf dem Hut.

Für Höhlenfans ist die SCHWÄBISCHE ALB der richtige Ort. Die Berge sind durchlöchert wie ein Schweizer Käse. Das liegt daran, dass sie aus Kalk bestehen. Kalk lässt sich durch Wasser leicht lösen und so haben unterirdische Bäche die Berge nach und nach ausgehöhlt. Es gibt dort lange unterirdische Gänge und Seen, riesige Hallen und Tropfsteinhöhlen. In den Höhlen wurden nicht nur Skelette, Werkzeuge und Schnitzereien von Steinzeitmenschen gefunden, sondern auch die Knochen eines der gefährlichsten Raubtiere der Steinzeit, des Höhlenbären. In einer Höhle fand man 30 Bärenskelette, die bis zu 20 000 Jahre alt waren.

Wer sich gerne gruselt, sollte also die Taschenlampe einpacken und nach Sonnenbühl fahren. Dort in der Bärenhöhle kann man den Skeletten der Höhlenbären begegnen.

Übrigens sind:

Brägele = Bratkartoffeln
Bubenspitzle = Schupfnudeln
Flädle = Pfannkuchen
Knöpfle = runde Spätzle
Kracherle = geröstete Weißbrotwürfel
Riebele = größere Spätzle in der Suppe
Ofenschlupfer = süßer Auflauf
Schäufle = Schweinefleisch aus der Schulter
Schlosserbuben = mit Marzipan gefüllte Backpflaumen in Teig

Hauptstadt: **Stuttgart**

- **Größe:** 35 752 km^2, das entspricht ca. 4,9 Mio. Fußballfeldern
- **Einwohner:** ca. 10,8 Mio.
  Kinder von 0–14: ca. 1,6 Mio.
  Jugendliche von 15–18: ca. 378 000
- **Höchster Berg:** Feldberg, 1493 m
- **Größter See:** Bodensee, 535,9 km^2
- **Längster Fluss:** Rhein, fließt 437 km durch Baden-Württemberg
- **Höchster Baum:** 62,45 m

Bayern

Bayern – das verbinden viele mit der angeblich schönsten Nebensache der Welt: Fußball. Schließlich hat der FC Bayern München am häufigsten den Deutschen Meistertitel gewonnen und ist damit der erfolgreichste Fußballverein Deutschlands. Dennoch ziert das bayerische Landeswappen kein Fußball, auch wenn das die Bayernfans unter euch sicher gerne hätten. Das bayerische Staatswappen erzählt vielmehr etwas über die Geschichte des Bundeslandes.

Was man schon beim Wappen von Baden-Württemberg sehen konnte, trifft auch auf das Staatswappen von Bayern zu: Wenn im Wappen mehrere einzelne Wappen zu sehen sind, dann ist das Bundesland aus verschiedenen, früher eigenständigen Regionen zusammengesetzt. Der goldene Löwe auf schwarzem Grund steht für die Oberpfalz, die rot-weißen Spitzen für Ober-, Mittel- und Unterfranken, der blaue Panther für Ober- und Niederbayern und die drei schwarzen Löwen für Schwaben. Dass alle vier Teile nun gemeinsam zu Bayern gehören, sollen die weiß-blauen Rauten in der Mitte des Wappens zeigen.

Genau genommen heißt das Land »Freistaat Bayern«. Freistaat bedeutet aber nicht, dass Bayern eine Sonderrolle in Deutschland spielt, dort die Gesetze der Bundesrepublik Deutschland nicht gelten oder Ähnliches. Auch wenn die Bayern ihre Eigenständigkeit und ihr Selbstbewusstsein gerne mit den

Worten »mia san mia« unter Beweis stellen, ändert es nichts daran, dass der Zusatz »Freistaat« heute nur noch schmückend hinzugefügt wird. Im 19. Jahrhundert bezeichnete der Freistaat Gebiete, die frei von Monarchen, also adeligen Herrschern, waren. Das Volk wählte im Freistaat seine Vertreter selbst. Hier herrschte also Demokratie. Teile Bayerns wurden 1918 zum Freistaat.

Heute ist Bayern mit einer Fläche von 70 552 km² das GRÖSSTE BUNDESLAND. Es bedeckt damit ein Fünftel der Fläche Deutschlands. Natürlich wohnen in einem so großen Land ganz unterschiedliche Menschen. Dennoch ist das Bild des typischen Bayern und für manche sogar des typischen Deutschen klar.

Jungen in Garmisch-Partenkirchen

Diese TRACHT tragen natürlich weder alle Deutschen noch alle Bayern. Wenn man aber an Festtagen zum Beispiel nach Oberbayern kommt, dann sieht man tatsächlich viele Menschen in solchen Trachten. Das wertvollste Stück der Tracht ist dabei manchmal weder das aufwendig genähte Kleid der Frau noch die Hose der Männer aus Hirschleder. Es ist das wippende Haarbüschel am Hut der Männer, der Gamsbart. Mit einem Bart hat er nichts zu tun, dafür aber mit Gämsen. Gämse sind Bergziegen, die in den bayerischen Alpen leben. Zuerst waren es Jäger, die sich die Rückenhaare erlegter Gamsböcke zu Büscheln banden und sich als Jagdtrophäen an den Hut steckten. Heute tragen viele Männer zu ihrer Tracht am Hut einen dicken Gamsbart. Die wertvollsten Stücke können, je nachdem wie dick und schön sie sind, auch mal mehrere tausend Euro kosten. Dafür kann man auch einen kleineren Gebrauchtwagen kaufen.

Gämse sind gute Kletterer und leben in den BAYERISCHEN ALPEN. Zu der Bergkette im Süden des Landes gehört die ZUGSPITZE, mit 2962 Metern der höchste Berg Deutschlands. Ihren Namen hat sie, weil an ihren Hängen Lawinen immer in den gleichen Bahnen, den sogenannten »Zügen«, abgehen. Die Zugspitze zieht nicht nur Wanderer, Bergsteiger und Skifahrer an. Auch Wissenschaftler reizt der Berg. Hier befindet sich seit über 100 Jahren die höchste Wettermessstation Deutschlands und seit August 2007 wird noch ein weiteres Forschungsprojekt durchgeführt: Weil es auf der Zugspitze so kalt ist, ist der Berg auch in seinem Inneren das ganze Jahr über gefroren. Wissenschaftler wollen nun herausfinden, ob die Erwärmung des Erdklimas auch den Berg auftauen lässt. Um das zu beobachten, haben sie ein 60 Meter langes Loch in den Berg gebohrt und darin Temperaturfühler verteilt. Über 15 Jahre wird nun gemessen. Sollte der Fels tatsächlich langsam auftauen, würde dadurch zum Beispiel die Lawinengefahr steigen.

Wo die Winter kalt, die Berge verschneit und die Seen zugefroren sind, entwickeln sich viele WINTERSPORTARTEN. Außer so bekannten wie Skifahren, Rodeln und Eislaufen haben die Bayern auch eine regionale Besonderheit erfunden: das Eisstockschießen. Der Eisstock besteht aus einem runden, schweren Körper und einem langen Stiel. Die Spieler einer Mannschaft versuchen, den Eisstock über das Eis möglichst nah an die Daube, das ist der schwere Klotz im Zielfeld am Ende der Bahn, zu schießen. Die Schwierigkeit liegt darin, den Eisstock mit dem richtigen Schwung auf das Eis zu setzen, damit er nicht am Ziel vorbeischlittert oder zu früh liegen bleibt.

In Bayern gibt es viele **Bräuche**, die im Rest Deutschlands völlig unbekannt sind, in denen aber sogar Meisterschaften ausgefochten werden. Wenn sich zum Beispiel zwei Männer mit hochroten Gesichtern und eingehakten Fingern am Tisch gegenübersitzen und kräftig ziehen, dann handelt es sich um »Fingerhakeln«. Gewinner ist derjenige, der den anderen über den Tisch ziehen konnte. Beim »Goaßlschnalzen« geht es darum, eine Goaßl, das ist eine Peitsche, so zu schnalzen, das heißt knallen zu lassen, dass eine Melodie entsteht. Und sogar im »Schmaischnupfen« gibt es Wettbewerbe. Wer sich in einer Minute am meisten Schmai, also Schnupftabak, in die Nase ziehen kann, ist Meister.

Der Norden Bayerns ist für eine ganz besonders leckere Spezialität bekannt: die **Nürnberger Lebkuchen**. Im Mittelalter wurde das Gebäck in fränkischen Klöstern von Nonnen und Mönchen erfunden und zuerst nur in Klosterapotheken verkauft. Lebkuchen waren lange eine Delikatesse, die sich nur Wohlhabende leisten konnten. Das lag vor allem an den im Gebäck verwendeten Gewürzen, die damals seltene und deshalb teure Zutaten waren. Durch Nürnberg führte eine Handelsstraße, die aus Venedig kam. Händler transportierten Gewürze aus der ganzen Welt über diese Wege. So konnte man in Nürnberg Anis, Ingwer, Kardamom, Koriander, Muskatblüte, Nelken, Piment, Orangeat, Zitronat, Vanille und Zimt kaufen und verarbeiten. Auch der lange Transport machte die seltenen Gewürze sehr wertvoll.

Franken und vor allem Nürnberg sind aber nicht nur für ihre Lebkuchen bekannt. Ebenfalls im Mittelalter, vor ungefähr 500 Jahren, begann hier eine für Kinder wirklich wichtige Entwicklung:

Spielzeuge wurden gebaut. Es begann mit Papierfiguren, dann kamen Puppen und Puppenhäuser, Zinnsoldaten, Spielzeugautos und Eisenbahnen dazu. 1973 rettete ein kleines Plastikmännchen sogar eine ganze Firma. Weil Kunststoff und damit die Herstellung von Plastikspielzeug immer teurer wurden, wäre die Spielzeugfirma von Horst Brandstätter fast pleitegegangen. Es musste also ein kleineres Spielzeug erfunden werden, das weniger Kunststoff enthielt und den Kindern trotzdem gefiel: So entstand das erste Playmobilmännchen, das bei den Kindern so gut ankam, dass es die Firma vor dem Ruin rettete.

Geschichten wie aus einem Märchen: Dazu gehören in Bayern auch König Ludwig II. und sein Schloss Neuschwanstein. Das Schloss entspricht mit seinen Türmchen, Giebeln und Zinnen so sehr den Vorstellungen von einem typischen Märchenschloss, dass es von den Amerikanern in Las Vegas sogar nachgebaut wurde. Der König hatte von seinem Schloss übrigens nicht viel: Nur 175 Tage lebte er dort, bis er auf rätselhafte und immer noch ungeklärte Weise im Starnberger See ertrank.

Schloss Neuschwanstein

Nach Bayern kommen viele Touristen und das nicht nur wegen der Berge und Seen. In der Landeshauptstadt München findet jedes Jahr im Herbst das OKTOBERFEST (»d'Wiesn«), das größte Volksfest der Welt, statt. Früher waren Oktoberfeste in vielen Orten Bayerns üblich. Bevor nämlich die Bierbrauer im Herbst nach der Hopfenernte neues Bier brauen konnten, mussten erst einmal die eingelagerten Reste des Vorjahres weggetrunken werden. Und dafür eignen sich Volksfeste ganz vorzüglich. Wo Bier gebraut wird, braucht man Hopfen, und deshalb verwundert es nicht, dass in Bayern, in der Hallertau, auch das größte Hopfenanbaugebiet liegt.

Und zum Schluss noch ein letzter Rekord aus Bayern: Die ÄLTESTE WURSTBRATEREI Deutschlands findet man in Regensburg. Vermutlich wurde sie im Mittelalter, vor ungefähr 850 Jahren, eröffnet, als die Steinerne Brücke über die Donau gebaut wurde. Die Wurstbraterei war sozusagen die mittelalterliche Kantine für die Brückenarbeiter. Beides – Wurstbraterei und Brücke – gibt es noch heute in Regensburg.

Hauptstadt: München

- **Größe: 70 552 km², das entspricht ca. 9,6 Mio. Fußballfeldern**
- **Einwohner: ca. 12,5 Mio.**
  Kinder von 0–14: ca. 1,8 Mio.
  Jugendliche von 15–18: ca. 433 000
- **Höchster Berg: Zugspitze, 2962 m**
- **Größter See: Chiemsee, 79,9 km²**
- **Längster Fluss: Main, fließt 406,6 km durch Bayern**
- **Mitglieder in Fußballvereinen: ca. 1,4 Mio.**
- **Größtes Volksfest: Oktoberfest, mehr als 6,5 Mio. Besucher**

Berlin

Berlin hat's mit dem BÄREN. Er prangt nicht nur auf dem Wappen, sondern es gibt sogar einen echten, lebenden »amtierenden Berliner Stadtbären«. Der Bär ist genau genommen eine Braunbärendame und heißt Schnute. Sie ist das fünfte Tier, das diesen Titel trägt, und lebt im Bärenzwinger im Köllnischen Park. Man kann Schnute dort zusammen mit ihrer Tochter Maxi besuchen. Im Jahr 2007 hat Knut, ein Eisbärenjunge im Berliner Zoo, den beiden Damen allerdings den Rang abgelaufen. Das von seiner Mutter verstoßene Flaschenkind zog Besucher wie ein Magnet an.

Obwohl man in Berlin Bären innig liebt, hat der Bär auf dem Wappen wahrscheinlich nicht viel mit einem echten Bären zu tun. Man vermutet, dass der Bär ausgewählt wurde, weil man an Albrecht I. erinnern wollte, der den Beinamen »der Bär« trug. Er eroberte im Mittelalter die Mark Brandenburg, zu der auch Berlin gehörte. Ganz sicher ist man sich bei dieser Erklärung allerdings nicht.

Berlin ist vieles in einem: Sie ist die GRÖSSTE STADT Deutschlands, HAUPTSTADT der Bundesrepublik Deutschland und gleichzeitig ein eigenes Bundesland. Solch kleine Länder, die nur aus einer Stadt und nicht aus der großen Fläche darum herum bestehen, heißen Stadtstaaten. Der STADTSTAAT Berlin besteht also nur aus der Stadt Berlin und die Fläche darum herum gehört zum Bundesland Brandenburg. Berlin liegt darin wie eine Insel.

Diese Insellage prägte Berlin über viele Jahre. Das lag daran, dass Deutschland, nachdem es den Zweiten Weltkrieg verloren hatte, unter den vier Siegermächten aufgeteilt wurde. Aus der Sowjetischen Besatzungszone entstand die DEUTSCHE DEMOKRATISCHE REPUBLIK (DDR) und aus der Amerikanischen, Britischen und Französischen Besatzungszone wurde die BUNDESREPUBLIK DEUTSCHLAND (BRD). Berlin lag im Staatsgebiet der DDR, wurde als ehemalige Hauptstadt aber von allen vier Siegermächten verwaltet. Es gab also mitten im Staatsgebiet der DDR einen Teil von Berlin, den Westen, der nicht dazugehörte.

Die Aufteilung Deutschlands in Besatzungszonen

Da die westlichen und östlichen Siegermächte völlig unterschiedliche Anschauungen vertraten, gab es um Berlin viel Streit.

1961 verschärfte sich die Situation und die DDR errichtete eine befestigte und fast unüberwindliche Grenze. Quer durch die Stadt verlief nun eine lange Mauer, die Ost- und Westberlin trennte. Die DDR hatte sie errichtet, um die Flucht ihrer Bürger in den Westen zu verhindern. Bis zum Zusammenbruch der DDR teilte die Mauer die Stadt. Wie die BERLINER MAUER und die Grenzanlagen damals aussahen, kann man heute noch in Teilen in der Bernauer Straße und in der Nähe der Oberbaumbrücke sehen. Wer beim Spaziergang durch Berlin genau hinguckt, entdeckt auf der Straße manchmal eine Doppelreihe Kopfsteinpflaster. Sie markiert den Weg, an dem die Mauer früher entlanglief.

Mit der Öffnung der Mauer 1989 öffnete sich auch wieder der Weg durch das BRANDENBURGER TOR. Es ist eines der alten Stadttore Berlins und das Wahrzeichen der Stadt. Die Mauer teilte genau hier West- und Ostberlin. 28 Jahre konnte keiner durch das Tor hindurchgehen. Guckt man sich das Tor näher an, stellt man fest, dass nicht alle fünf Durchfahrten gleich groß sind. Die mittlere ist breiter und war früher allein dem König vorbehalten. Das Volk musste sich mit den schmaleren Durchgängen begnügen. Oben auf dem Tor steht eine große Bronzestatue: Es ist die Siegesgöttin auf ihrem Wagen, der von vier Pferden gezogen wird, die Quadriga.

Apropos oben: Am höchsten hinaus kommt man in Berlin, wenn man mit dem Aufzug auf den FERNSEHTURM fährt. Er ist mit 368 Metern das höchste Gebäude Berlins und damit ungefähr dreimal so hoch wie der höchste Berg des Bundeslandes, der Große Müggelberg. Der ist mit 115 Metern allerdings auch eher ein Zwerg.

Fernsehturm

Weil er so schlank ist, wird der Fernsehturm von einigen Berlinern auch »Telespargel« genannt. Er ist damit nur eins der vielen Beispiele dafür, dass Berliner den Dingen gerne Spitznamen geben. So heißt die Ruine der GEDÄCHTNISKIRCHE auch »hohler Zahn«, die Toilettenhäuschen »Cafe Achteck«, die Philharmonie »Schwangere Auster«, die Statue auf der Siegessäule »Goldelse« und das BUNDESKANZLERAMT wird »Waschmaschine« genannt.

Gedächtniskirche

Bundeskanzleramt

Wo es ein Bundeskanzleramt gibt, ist natürlich auch ein Bundeskanzler. Seit 1990 ist Berlin Bundeshauptstadt des wiedervereinigten Deutschland. Der Bundeskanzler und die Minister regieren von Berlin aus. Auch der Bundespräsident arbeitet im Schloss Bellevue in Berlin. Ob er gerade im Haus ist, kann man leicht erkennen: Wenn die Fahne vor dem Schloss Bellevue weht, ist der Chef da.

Berlin ist nicht nur die größte Stadt Deutschlands, sondern auch richtig multikulti. Das bedeutet, dass Menschen aus ganz VIELEN KULTUREN in dieser Stadt zusammenleben. Insgesamt kommen sie aus ungefähr 180 Ländern. Wo viele Menschen leben, gibt's

auch viel Verkehr. Es verwundert also nicht, dass die ERSTE VERKEHRSAMPEL Deutschlands 1924 am Potsdamer Platz stand und auch die ERSTE ELEKTRISCHE EISENBAHN 1879 in Berlin fuhr. Erste waren die Berliner auch bei der Litfaßsäule. Die runden Säulen, auf denen Plakate mit Werbung kleben, standen 1855 zuerst in Berlin. Zum Schluss wollen wir eine wirklich wichtige Erfindung nicht verschweigen: Auch die beliebte CURRYWURST kommt aus Berlin. Herta Heuwer verkaufte 1949 an ihrer Imbissbude zum ersten Mal eine Wurst mit einer Sauce aus Tomatenmark, Curry und ein paar anderen Zutaten.

Berlin, das begann mit Tieren und soll deshalb auch mit ihnen enden, diesmal aber mit kleinen und meist unsichtbaren Zeitgenossen: den Fledermäusen!
Ungefähr 10 000 FLEDERMÄUSE überwintern jedes Jahr in den Katakomben, also dem Keller, der Zitadelle in Berlin-Spandau. Berlin ist damit auch die Stadt der Fledermäuse!

- **Größe:** 892 km^2
- **Einwohner:** ca. 3,4 Mio.
  Kinder von 0–14: ca. 377 000
  Jugendliche von 15–18: ca. 96 000
- **Höchste Berge:** Großer Müggelberg, 115 m, Teufelsberg, 115 m
- **Größter See:** Großer Müggelsee, 7,43 km^2
- **Längster Fluss:** Spree, fließt 45,1 km durch Berlin
- **Bären:** 37

Brandenburg

Obwohl die Mark Brandenburg 1157 von Albrecht dem Bären gegründet wurde, hat Brandenburg im Wappen den Adler und nicht den Bären. Das verwundert erst einmal, erklärt sich aber dadurch, dass Albrecht der Bär ein Askanier war. Die Askanier waren ein altes süddeutsches Adelsgeschlecht. Ihr Wappentier war der Adler und so wurde der natürlich auch das Wappentier der Mark Brandenburg und später des Bundeslandes Brandenburg. Dem Adler werden Eigenschaften wie Unsterblichkeit, Mut und Kraft zugesprochen. Deshalb wird er auch so gerne in Wappen verwendet.

Brandenburg gehört zu den fünf »neuen Bundesländern«. »Neu« sind die Länder, weil sie im Gebiet der ehemaligen DDR lagen und es dort keine Einteilung in einzelne Länder gab. Brandenburg wurde nach der Wiedervereinigung 1990 neu gegründet.

Das Land wird auch heute noch manchmal mit seinem alten Namen »Mark Brandenburg« benannt. Mark klingt komisch, bedeutet übersetzt aber »Grenzland« und erklärt damit, was Brandenburg früher war und heute immer noch ist: Ein Land, das an ein anderes angrenzt. Die Grenze verläuft im Osten von Brandenburg und trennt heute Deutschland von Polen. Die alte Burg »Brandenburg«, die dem Land ihren Namen gab, gibt es übrigens nicht mehr. Sie stand in der Stadt Brandenburg an der Havel. An ihrer Stelle findet man heute den Dom.

Obwohl Brandenburg ungefähr 33-mal so groß wie Berlin ist, leben in dem Bundesland weniger Einwohner als in der Bundeshauptstadt. Man nennt es deshalb DÜNN BESIEDELT. Wo wenige Menschen leben, haben Tiere und Pflanzen viel Platz. In Brandenburg findet man besonders viele geschützte Tierarten. Nur dort gibt es zum Beispiel noch die GROSSTRAPPE, einen mit bis zu 18 Kilo besonders schweren Vogel, der dennoch fliegen kann.

Besonders stolz sind die Brandenburger auf ihre STÖRCHE. Jedes Jahr nisten hier mehr als 1200 Storchenpaare. Natürlich liegt der Ort mit den meisten Störchen Deutschlands auch in Brandenburg. Nach Rühstedt kommen jedes Jahr über 30 Paare, die ungefähr 90 Junge großziehen. Bei manchen Häusern des kleinen Ortes sieht es so aus, als würden sie von mehr Störchen als Menschen bewohnt.

In Brandenburg wird viel OBST angebaut. Die bekannteste Frucht ist vermutlich die Birne. Der Schriftsteller THEODOR FONTANE hat sie in seiner Ballade »Herr von Ribbeck auf Ribbeck im Havelland« berühmt gemacht. Den alten Birnbaum, der aus dem Grab des von Ribbeck wuchs und dessen Früchte für die Kinder des Dorfes waren, gab es tatsächlich. Er stürzte allerdings 1911 bei einem Sturm um. Heute wächst sein Nachfolger bei der Dorfkirche. Kinder pflücken die Birnen allerdings nur noch selten. Zur Sicherheit haben wir nachgefragt: Bestraft würden sie dafür natürlich nicht.

Von der Natur zurück in die Stadt: In Potsdam, der Hauptstadt Brandenburgs, wollte Friedrich II., seit 1740 König in Preußen, seine Zeit ohne Sorgen verbringen. Wenn ein König, der fließend Französisch spricht, ein Schloss baut, in dem er ohne Sorgen sein will, dann nennt er es auch so: »sans souci«. Im Schloss Sanssouci lebte Friedrich II. übrigens nicht nur ohne Sorgen, sondern auch ohne seine Frau. Mit Elisabeth war er, wie damals üblich, von seinem Vater zwangsverheiratet worden. In Sanssouci wollte Friedrich ohne Frauen sein und deshalb hat Elisabeth das Schloss nie betreten. Sie lebte in Schloss Schönhausen in Berlin.

Neben einem Schloss wie im Märchen hat Potsdam auch noch seine eigene Traumfabrik. Im Ortsteil Babelsberg befindet sich das größte Filmstudio Deutschlands. Hier werden die meisten deutschen Kinofilme hergestellt. Wer Lust hat, kann dort durch die Filmkulissen spazieren oder die Requisiten alter Filme bewundern.

Und noch ein Rekord: Brandenburg ist eines der wasserreichsten Bundesländer. Es gibt 3000 Seen und über 30 000 Kilometer Flüsse ziehen sich durch das Land. Klar, dass hier auch viele Schiffe unterwegs sind. In Niederfinow bei Eberswalde fahren sie aber nicht nur einfach durch den Oder-Havel-Kanal, hier benutzen sie auch einen Aufzug: Um einen Höhenunterschied von 36 Metern zu überwinden, wurde ein riesiges Schiffshebewerk gebaut. Die Schiffe fahren in ein wassergefülltes Becken, die Klappe wird hinter ihnen geschlossen und dann werden sie an 256 Drahtseilen herauf- bzw. herabgelassen. Je nachdem in welche Richtung die Reise geht. Nach nur fünf Minuten sind sie angekommen, die vordere Klappe geht auf und sie können weiterfahren. Von Besuchergalerien aus kann man das Schauspiel beobachten.

Schiffshebewerk Niederfinow

Nur 100 Kilometer südöstlich von Berlin gibt es ein Gebiet, das von so vielen kleinen Flüssen und Kanälen durchzogen ist, dass sogar die Postbotin mit dem Boot kommt. Es ist der SPREEWALD. Hier führt zu manchem Haus keine Straße und deshalb sind die flachen Kähne das einzige Transportmittel. Damit werden die Einkäufe nach Hause, die Kürbisse vom Feld und in Lübbenau auch die Briefe zum Empfänger gebracht. Die Flachboote werden dabei nicht gerudert oder mit dem Motor angetrieben, sondern »gestakt«. Das bedeutet, dass am Ende des Bootes ein Mensch mit einem langen Holzstab steht, den er auf den Grund des flachen Gewässers steckt und das Boot dann daran nach vorne drückt. Die meisten der nur mit Muskelkraft betriebenen Boote fahren heute allerdings Touristen spazieren.

Im Spreewald leben die SORBEN, ein kleines slawisches Volk, schon seit dem sechsten Jahrhundert. Obwohl in den vielen hundert Jahren auch viele verschiedene Herrscher regierten, ist es ihnen gelungen, ihre eigene Sprache, ihre Kultur und auch ihre Bräuche zu erhalten. In der Schule sprechen die Kinder deshalb Sorbisch. Deutsch beherrschen sie als zweite Sprache. Jedes Volk hat seine eigenen Feste und Bräuche und deshalb feiern die Sorben am 25. Januar zum Beispiel die Vogelhochzeit. Den Winter über haben die Kinder die Vögel gefüttert und in der Nacht zum 25. Januar stellen sie einen Teller auf das Fensterbrett. Der ist am nächsten Tag mit Süßigkeiten und Gebäck gefüllt – ein Dankeschön der Vögel. Weil die Vögel um diese Zeit Hochzeit halten, wird ein Junge als Rabe und Bräutigam und ein Mädchen als Elsterbraut verkleidet. Mit diesem Vogelbrautpaar geht ein Umzug durchs ganze Dorf. An solchen Festtagen tragen die Sorben auch noch ihre Trachten mit der auffälligen, großen, bestickten Haube der Frauen.

Zum Schluss noch was zum Lachen:
In Brandenburg gibt es besonders viele lustige Ortsnamen. Man wohnt dort zum Beispiel in Siehdichum, Himmelpfort, Frauendorf, Wassersuppe, Kuhbier, Busendorf und Schweinrich.

Hauptstadt: Potsdam

- **Größe: 29 480 km², das entspricht ca. 4 Mio. Fußballfeldern**
- **Einwohner: ca. 2,5 Mio.**
  Kinder von 0–14: ca. 255 000
  Jugendliche von 15–18: ca. 87 000
- **Höchster Berg: Kutschenberg, 201 m**
- **Größter See: Scharmützelsee, 12 km²**
- **Längster Fluss: Havel, fließt 258 km durch Brandenburg**
- **Mitglieder in Fußballvereinen: ca. 77 000**
- **Störche: 1238**

Bremen

Zur Freien Hansestadt Bremen fallen den meisten zuerst einmal vier Tiere ein: ein Esel, ein Hund, eine Katze und ein Hahn – die Bremer Stadtmusikanten. Wer Bremen etwas besser kennt, der weiß, dass auch eine Henne hier einmal eine sehr wichtige Rolle gespielt hat. Bei so vielen Tieren überrascht es schon ein bisschen, dass das Landeswappen kein Tier, sondern einen Schlüssel zeigt. Und der ist nicht einmal ein Stallschlüssel. Er ist viel wertvoller. Es ist der »HIMMELSSCHLÜSSEL« von APOSTEL PETRUS, dem Schutzheiligen des Bremer Doms. Früher, auf alten Siegeln der Stadt, waren auch noch beide, Petrus und der Schlüssel, abgebildet.

So, die Schlüsselfrage wäre geklärt, jetzt geht es zu den tierischen Geschichten. Schon bei der GRÜNDUNG VON BREMEN hat – der Sage nach – eine Glucke, also eine Henne mit Küken, die Hauptrolle gespielt. Demnach sollen arme Fischer auf dem Fluss Weser gefahren sein, um eine neue Bleibe für sich und ihre Familien zu suchen. In der Abendsonne sahen sie auf einer Düne eine Glucke, die für ihre Küken ein Nest baute. Die Fischer dachten, dass es dort, wo die Glucke ein Nest baut, über längere Zeit trocken sein müsste, und ließen sich an diesem Ort nieder. Aus diesen Fischerhütten soll Bremen entstanden sein. Wer sich in Bremen umsieht, kann die GLUCKE gleich mehrfach finden: Sie ist in einem der Rundbögen des Rathauses abgebildet und in der Böttcherstraße sitzt eine Bronzeglucke auf dem Mauervorsprung eines Hauses.

Das Wahrzeichen der Stadt sind heute aber vier andere Tiere, die vermutlich nie in der Stadt waren: die BREMER STADTMUSIKANTEN. Das Märchen der GEBRÜDER GRIMM handelt von Esel, Hund, Katze und Hahn, die zusammenhalten und so sogar Räuber aus einem Wirtshaus vertreiben. So viel Mut wurde in Bremen mit mehreren Denkmälern belohnt. Wenn man sich die Statue der Bremer Stadtmusikanten beim Rathaus genau ansieht, dann fällt auf, dass die Beine des Esels glänzen. Das liegt daran, dass viele Menschen glauben, dass ein Wunsch in Erfüllung geht, wenn man die Beine des Esels anfasst.

Die ganze Zeit ist von Bremen die Rede, dabei besteht das Land Bremen nicht nur aus der STADT BREMEN, sondern auch aus BREMERHAVEN. Das kleinste Bundesland wird deshalb auch »Zwei-Städte-Staat« genannt. Zwischen Bremen und Bremerhaven liegen ungefähr 65 Kilometer Entfernung. Dieses Zwischenstück gehört aber gar nicht zum Land Bremen, sondern zu Niedersachsen.

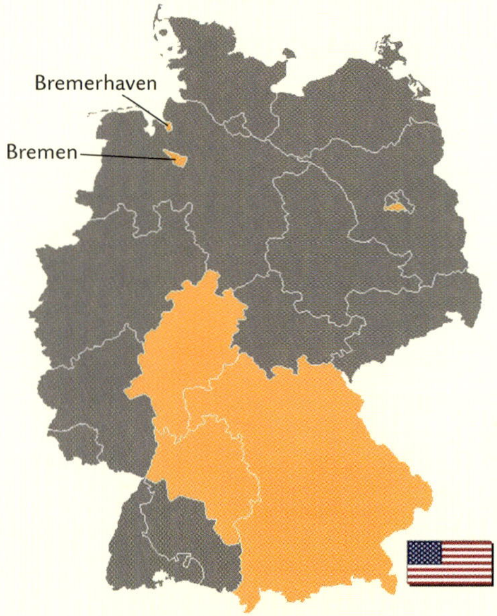

Die orange hervorgehobenen Gebiete gehörten zur Amerikanischen Besatzungszone.

Es verwundert schon sehr, dass zwei kleine, nicht direkt miteinander verbundene Städte ein eigenes Bundesland bilden. Das liegt in der Geschichte begründet: Als nach dem Zweiten Weltkrieg die vier Siegermächte Deutschland unter sich aufteilten, bekamen die Amerikaner Gebiete im Süden und der Mitte Deutschlands. Die Gebiete waren groß, aber die Amerikaner hatten ein

Problem: Sie brauchten für den Nachschub, also alle Dinge, die sie zum Leben und zur Verteidigung benötigten, einen Hafen. Deshalb bekamen sie aus der Britischen Besatzungszone die Städte Bremen und Bremerhaven zugesprochen. Der Zugang zum Meer war gesichert, und das ist der Grund, warum diese zwei Städte heute ein eigenes kleines Bundesland bilden und nicht zu Niedersachsen gehören.

Sowohl Bremerhaven als auch Bremen haben einen eigenen Hafen. Wie wichtig die beiden Häfen für das Land sind, zeigt schon die Menge der Waren, die hier jedes Jahr abgefertigt werden. In Bremerhaven waren das 2006 ungefähr 4,5 Millionen Container. Würde man alle Container auf einen Güterzug laden, dann wäre der ungefähr 30000 Kilometer lang. Von der Lok bis zum letzten Waggon würde der Zug drei Viertel der Erde umrunden.

Besonders wichtig ist Bremerhaven für die deutschen Autohersteller. Zwei Millionen in Deutschland gebaute Autos werden in jedem Jahr in Bremerhaven auf Schiffe geladen und in die Welt verschickt. Besonders viele davon gehen nach Amerika. Nach Deutschland kommen über den Hafen zum Beispiel 500 Tonnen Südfrüchte, vor allem Bananen.

Heute laufen in Bremerhaven große Containerschiffe ein. Wer sehen möchte, welche Schiffe früher von hier ins Meer stachen, kann im Deutschen Schifffahrtsmuseum eine alte Hansekogge von 1380 bewundern. Eine Kogge ist ein breites Segelschiff, auf dem Waren übers Meer transportiert wurden. Die Hansekogge wurde 1962 zufällig beim Ausbaggern eines Hafenbeckens in Bremen gefunden. Es dauerte 19 Jahre, bis sie repariert und wieder ganz zusammengebaut war.

Nachbau einer Hansekogge
vor einem großen Fährschiff

Was im Hafen von Bremen ankommt, wird oft direkt in der Stadt weiterverarbeitet. Die Kaffeebohnen aus Südamerika und Afrika werden in Bremen geröstet, gemahlen und verpackt. Mais wird hier zu Cornflakes und Hopfen und Malz vergären zu Bier.

Mit dem einen Wahrzeichen von Bremen, den Stadtmusikanten, haben wir begonnen, mit dem anderen wollen wir enden: dem ROLAND. Seine Statue aus Stein steht gegenüber vom Dom. Er ist das Symbol für die Freiheit der Bremer Bürger. Als der lächelnde Roland 1404 gegenüber dem Dom aufgestellt wurde, war das auch ein Angriff auf die über die Stadt herrschende Kirche. Er war ein Zeichen für den Wunsch der Bürger, unabhängig zu werden. Noch heute sagen die Bremer: »Solange der Roland steht, wird Bremen eine freie Stadt sein.«

Hauptstadt: Bremen

- **Größe:** 404 km^2, das entspricht ca. 54966 Fußballfeldern
- **Einwohner:** ca. 664000
  Kinder von 0–14: ca. 85000
  Jugendliche von 15–18: ca. 20000
- **Höchster Berg:** im Friedehorstpark, 32,5 m
- **Größter See:** Stadtwaldsee (Unisee) und Werdersee mit je 0,37 km^2
- **Längster Fluss:** Weser, fließt 52,7 km durch Bremen
- **Hunde:** 18110
- **Pferde:** 894

Hamburg

Wer wissen will, warum das Landeswappen von Hamburg rot-weiß ist, der kann bei der Stadt anrufen, im Internet forschen oder einfach auf die Autokennzeichen von Hamburg gucken. Die sind zwar nicht rotweiß, sondern wie überall in Deutschland schwarz-weiß, aber wichtig ist, dass die Buchstaben HH daraufstehen. Das bedeutet HANSESTADT HAMBURG. Die »Hanse« war im Mittelalter ein Zusammenschluss von Städten, der dafür sorgen sollte, dass die Kaufleute gut und gefahrlos Handel treiben konnten. Die Farben der Hanse waren – ihr ahnt es vermutlich schon – rot und weiß. Die Hanse gibt es längst nicht mehr, aber ihre Farben haben im Wappen des Landes die Zeit überdauert.

Hamburg ist wie Berlin und Bremen ein STADTSTAAT. Der Name der Stadt hat nichts mit Hamburgern, also den Frikadellen zwischen zwei Brötchenhälften, zu tun. Obwohl eine Theorie sagt, dass deutsche Einwanderer das Rezept nach Amerika gebracht haben sollen. Der Name der Stadt kommt von »ham«, was »Gelände am Fluss« bedeutet. Und genau dort, wo die Flüsse Bille und Alster in die Nordelbe münden, liegt Hamburg.

Hamburg, dem Gelände am Fluss, nähert man sich also am besten vom Wasser. Das tun große CONTAINERSCHIFFE aus der ganzen Welt, bepackt mit Dingen wie Kaffee, Papier, Getreide, Kohle und Öl. Jedes Jahr kommen allein 12 000 Containerschiffe in den

Hafen. Es ist ein Seehafen, obwohl Hamburg gar nicht am Meer liegt. Den Namen trägt er trotzdem zu Recht, denn hier legen keine Binnen-, sondern große Seeschiffe an. Sie werden von Lotsen die letzten 144 Kilometer von der Nordsee bis nach Hamburg durch die Elbe dirigiert. Der Hamburger Hafen ist der GRÖSSTE HAFEN DEUTSCHLANDS und der drittgrößte Europas. Jedes Jahr werden knapp neun Millionen Container abgefertigt. Das sind noch einmal doppelt so viele wie in Bremerhaven. Ein Zug, mit allen Containern beladen, würde ungefähr eineinhalbmal um die Erde reichen.

Abfertigung der großen Containerschiffe im Hamburger Hafen

Obwohl Hamburg so weit vom Meer entfernt liegt, gibt es dennoch Ebbe und Flut. Die GEZEITEN des Meeres trägt die ELBE bis in die Stadt hinein. Was an normalen Tagen schön zu beobachten ist, hat auch schon viel Unglück über die Stadt gebracht. Am 16. Februar 1962 tobte ein gewaltiger Sturm über der Nordsee. Er türmte das Wasser zu riesigen Wellen auf, die Deiche an der Elbe brachen und eine große Sturmflut ergoss sich über die Stadt. Ganze Stadtteile Hamburgs standen unter Wasser. Bei der Katastrophe wurden 315 Menschen getötet und 60 000 waren ohne Wohnung, weil die Flut ihre Häuser zerstört hatte.

Die Elbe ist zwar der größte, aber nicht der einzige Fluss Hamburgs. Die Stadt ist von vielen Flüssen und Kanälen durchzogen. Bekannt ist vor allem die ALSTER, genau genommen der Alstersee. Der Fluss wurde in Hamburg schon im Mittelalter aufgestaut, um die Mühlräder einer Kornmühle anzutreiben. Als um 1230 ein Damm für eine zweite Mühle gebaut wurde, verrechneten sich die Baumeister, und die Alster überschwemmte die Wiesen. Die Binnen- und die Außenalster – so wird der See heute genannt – sind also das Ergebnis eines Rechenfehlers. Die Außenalster ist so groß, dass auf ihr im Sommer Dampfer und Segelboote fahren. Auch eine original venezianische Gondel gleitet dort durch das Wasser. Apropos Venedig: Man glaubt es kaum, aber Hamburg hat 2496 Brücken und damit viel mehr als Venedig, Duisburg und London zusammen. Natürlich führen in Hamburg nicht alle Brücken über das Wasser.

Wer Ende November in Hamburg an der Alster ist, kann einem besonderen Ereignis zuschauen. Dann fängt der »Schwanenvater« alle SCHWÄNE, die auf dem See leben, ein und fesselt ihnen die Beine, um sie dann auf Booten in ihr Winterquartier zu bringen.

Der »Schwanenvater« auf dem Weg ins Winterquartier

Dort haben sie eisfreies Wasser und werden gefüttert. Im Frühling geht's zurück in die Freiheit. Da wird dann allerdings nicht Boot gefahren, sondern die Schwäne schwimmen selbst.

Die Schwäne sind aber nicht die einzigen Tiere, die in Hamburg die Zuschauer anziehen. 1907 wurde hier von Carl Hagenbeck der ERSTE DEUTSCHE TIERPARK eröffnet. Schon von Beginn an lebten die Tiere nicht in Käfigen, sondern in Freigehegen. Von den Zuschauern trennen sie also nicht Gitter, sondern zum Beispiel Gräben.

Wo viel Wasser ist, ernährt man sich natürlich auch von Fischen. Die Hamburger Aalsuppe gilt als Spezialität, und wer die Zutaten dafür frisch einkaufen möchte, der geht zum FISCHMARKT. Vom Kutter kann man schon ab fünf Uhr morgens fangfrischen Fisch kaufen. Marktschreier bieten aber auch Obst, Gemüse und Pflanzen an. Für das morgendliche Spektakel am Fischmarkt ist Hamburg bekannt, sein Wahrzeichen ist er aber nicht. Das ist der Michel. MICHEL ist der Spitzname des Turmes der Sankt Michaeliskirche. Er steht mitten in der Stadt, ist aber auch vom Wasser aus zu sehen.

Wieder beim Wasser gelandet, verwundert es sicher keinen, dass auch der Erfinder der Schwimmflügel aus Hamburg kommt. Aber selbst mit diesen Hilfen ausgestattet, sollte keiner versuchen, von Hamburg bis zu den weit entfernten Außenposten der Stadt zu schwimmen. Es sind die NORDSEEINSELN NEUWERK, SCHARHÖRN und NIGEHÖRN. Obwohl sie 140 Kilometer von der Stadt entfernt mitten in der Nordsee liegen, gehören sie dennoch zum Bundesland Hamburg. Während auf Neuwerk ungefähr 40 Menschen leben, sind Scharhörn und Nigehörn Vogelschutzgebiete.

Nur ein Vogelwart lebt dort. Nach Neuwerk kommt man bei Ebbe zu Fuß oder mit dem Pferdewagen, bei Flut ist das Watt überschwemmt und man kann die Insel nur mit dem Schiff erreichen. Der Weg lohnt sich, denn auf Neuwerk findet man das älteste Bauwerk Hamburgs: den LEUCHTTURM, der 1310 gebaut wurde.

Leuchtturm Neuwerk

Hauptstadt: **Hamburg**

- **Größe:** 755 km², das entspricht ca. 103 000 Fußballfeldern
- **Einwohner:** ca. 1,8 Mio.
  Kinder von 0–14: ca. 225 000
  Jugendliche von 15–18: ca. 48 000
- **Höchster Berg:** Beim Hasselbrack, 116,1 m
- **Größter See:** Außenalster, 1,6 km²
- **Längster Fluss:** Elbe, fließt 51 km durch Hamburg
- **Mitglieder in Fußballvereinen:** ca. 96 000
- **Brücken:** 2496

Hessen

Bevor ihr weiterlest, schlagt erst einmal Seite 95 auf und vergleicht die Landeswappen von Hessen und THÜRINGEN. Beide Wappen zeigen einen Löwen, der mehrfach rot-silber (hier rot-weiß dargestellt) gestreift ist. Der LÖWE ist zwar das Wappentier, das am meisten verwendet wird, aber eine so große Ähnlichkeit wie bei den Landeswappen von Hessen und Thüringen gibt es sonst nicht. Das könnte ein Hinweis auf eine engere Verbindung der beiden Bundesländer sein.

Um den gemeinsamen Ursprung zu finden, mussten wir ziemlich weit in der Geschichte der benachbarten Länder zurückgehen. Im Mittelalter wurden wir fündig: Der gestreifte Löwe war ursprünglich das Wappentier der LANDGRAFEN VON THÜRINGEN. Bis 1247 gehörte auch Hessen zu ihrem Herrschaftsgebiet. Als die Grafschaft geteilt wurde, gab es zwar zwei Herrscher, aber beide behielten den Löwen als Wappentier. So hat der quergestreifte Löwe überlebt und ist nun sowohl das Wappentier von Hessen als auch von Thüringen.

Hessen liegt in der Mitte Deutschlands und kann mit jeder Menge Rekorde aufwarten. Mit zweien fangen wir direkt an. Hessen ist EINES DER WALDREICHSTEN BUNDESLÄNDER und gleichzeitig das GRÖSSTE INDUSTRIEZENTRUM Deutschlands. Industriezentrum bedeutet, dass hier besonders viele Dinge hergestellt werden. Viel Wald und viel Industrie – ihr fragt euch sicher, wie das zusammenpasst? In Hessen gibt es einen großen Ballungsraum, das Rhein-Main-Gebiet. Ballungsraum bedeutet, dass in dieser Gegend sehr viele Menschen leben und arbeiten und es sehr viele Unternehmen gibt, die hier ihren Standort haben. Das Rhein-Main-Gebiet umfasst die Region um Frankfurt mit Städten wie Wiesbaden, Offenbach, Darmstadt und auch Mainz (das schon zu Rheinland-Pfalz gehört). Während sich hier also die Menschen knubbeln, ist das Land darum herum recht dünn besiedelt. Entsprechend viel Platz gibt es dort für den Wald.

Wir hatten ein rekordreiches Bundesland versprochen, und mit der Stadt FRANKFURT, die am Main liegt, geht es los. Wer nach Frankfurt fährt, sieht schon von Weitem die Hochhäuser. So viele HOCHHÄUSER wie dort gibt es in keiner anderen deutschen Stadt. In Anspielung auf den New Yorker Stadtteil Manhattan wird Frankfurt deshalb auch »Mainhattan« genannt. **Der Commerzbank-Tower überragt mit 259 Metern alle anderen Hochhäuser und ist das größte Gebäude Deutschlands.** Wenn man Antenne und Flugsicherungslampe noch hinzurechnet, misst das Gebäude sogar stolze 300,1 Meter.

Über alle Hochhäuser ragt der Commerzbank-Tower hinaus.

Nicht nur dieses Hochhaus gehört einer Bank. In Frankfurt haben insgesamt 224 Banken ihren Hauptsitz. Das ist schon wieder ein deutscher Rekord. Weil in Frankfurt auch die Europäische Zentralbank, die Bundesbank und die Börse sind, ist die Stadt das wichtigste Finanzzentrum Deutschlands. An der Börse werden Aktien, das sind Anteile an Unternehmen, gehandelt. Dass die Frankfurter Börse eine der größten Europas ist, verwundert sicher keinen mehr.

Und weiter geht's mit den Rekorden: Wo so viel gehandelt wird, dahin reisen auch viele Menschen, um ihre Geschäfte abzuschließen. Wer mit dem Flugzeug kommt, landet auf dem größten Flughafen Deutschlands und einem der größten Europas. Hier arbeiten 68 000 Menschen und damit ist der Flughafen auch noch der größte Arbeitsplatz Deutschlands.

Schneller, höher, weiter – wir sind immer noch nicht am Ende. Die weltgrößte Buchmesse findet jedes Jahr im Herbst in Frankfurt statt. In der Stadt, in der Goethe geboren wurde, präsentieren die Verlage ihre neuen Bücher. Natürlich findet ihr hier auch jedes Jahr die neuesten Mausbücher. Insgesamt werden rund 390 000 Bücher ausgestellt. Wir haben mal nachgerechnet: Wenn ihr jeden Tag eines dieser Bücher lesen würdet, wärt ihr 1068 Jahre nur mit Lesen beschäftigt – und würdet ganz nebenbei noch einen neuen Altersrekord aufstellen.

So, weg vom Trubel der Buchmesse und hinein in die Natur. Manche genießen die Wälder Hessens nicht beim Wandern oder Radfahren, sondern aus einer ganz anderen Perspektive – nämlich von oben. Wer schon einmal bei der Wasserkuppe, dem höchsten Berg Hessens, war, der hat die Drachen-, Gleitschirm- und Segelflieger bestimmt beobachtet. Fast lautlos kreisen sie in der Luft und lassen sich ganz ohne Motor nur vom Wind tragen. Vor fast hundert Jahren nahm das Segelfliegen hier seinen Anfang. Den Deutschen war es nach dem verlorenen Ersten Weltkrieg verboten worden, Motorflugzeuge zu bauen und zu fliegen. Ohne Motor musste man andere Wege in die Luft finden. Man erinnerte sich an die Flugversuche von Otto Lilienthal, dem ersten erfolgreichen Flieger, und übte mit Hängegleitern. Die Gleiter wurden immer besser, die Flugstrecken immer länger und schließlich entstanden die ersten Segelflugzeuge. Bis heute ist das Gebiet um die Wasserkuppe, die Rhön, ein Lieblingsort für viele Segelflieger.

Die Rhön ist ein Mittelgebirge. Das bedeutet, dass die Berge eine Höhe von ungefähr 1500 Metern nicht überschreiten. Während der Norden Deutschlands flach ist und im Süden hohe Berge stehen, sind die Berge in der Mitte Deutschlands also mittelhoch. Viele von ihnen sind erloschene Vulkane. Auch hier hat Hessen wieder einen Rekord zu bieten: Der grösste Vulkan Deutschlands ist der Vogelsberg. Ihr könnt aber ganz unbesorgt sein: Seit ungefähr zehn Millionen Jahren hat dieser Vulkan keine Asche und Lava mehr gespuckt.

Gift und Galle spucken dagegen böse Stiefmütter in den Märchen der Gebrüder Grimm. Die Brüder wurden in Hanau, einer hessischen Stadt, geboren. Wen verwundert es also, dass Frau Holle, eine ihrer Märchenfiguren, am Hohen Meißner verehrt wird. Der Hohe Meißner ist ein weiterer Berg in Hessen und ihre Statue steht dort am Frau-Holle-Teich. Der soll unendlich tief und der Eingang in ihre Welt sein. Ob es stimmt, weiß keiner, aber Goldmarie hat er zumindest im Märchen Glück gebracht.

In den Wäldern Hessens findet man aber nicht nur Märchengestalten, sondern auch Überreste der RÖMER, die vor knapp 2000 Jahren auch Teile des heutigen Hessen eroberten. Als Grenze zu den feindlichen Germanen errichteten sie den LIMES. Der Limes war zunächst eine breite Schneise mit Wachtürmen, von denen aus die Römer die Grenze kontrollierten. Später kamen als Befestigungen noch Holzpfähle sowie Wälle und Gräben dazu. Wer heute entlang des alten Limes geht, trifft auf Wälle, Mauerreste der Türme, einige nachgebaute Türme und sogar auf die Überreste alter Kastelle. Ein KASTELL war ein Militärlager, in dem die Soldaten untergebracht waren, die die Grenze bewachten. Im weltweit einzigen wiederaufgebauten Römerkastell, der Saalburg bei Bad Homburg, könnt ihr sehen, wie beengt die Männer dort lebten. Acht Soldaten teilten sich eine kleine Stube.

Römerkastell Saalburg

Viele Römer, die aus dem sonnigen Süden kamen, litten unter dem feuchtkalten Wetter in Germanien. (So hieß diese Gegend damals.) Gegen die Glieder- und Gelenkschmerzen halfen Bäder in den heißen Heilquellen der heutigen Stadt Wiesbaden. Die Römer waren gute Baumeister, und so gab es in der Stadt prächtige

Badehäuser, die sogar schon Fußbodenheizung hatten. Die Badehäuser sind längst zerstört, aber die Heilquellen sprudeln immer noch und deswegen ist Wiesbaden auch heute noch eine Kurstadt.

Ungefähr 50 Millionen Jahre bevor Römer und andere Menschen sich im heutigen Hessen tummelten, gab es hier Urpferde, Halbaffen, Schildkröten und viele bunte Insekten. Man weiß das so genau, weil in der Nähe von Darmstadt, in einem alten Tagebau, die versteinerten Überreste von Tieren und Pflanzen gefunden wurden. Was hier so alles lebte, könnt ihr direkt in der Ausstellung der Grube Messel oder aber im Naturmuseum Senckenberg in Frankfurt besichtigen. Neben dem Urpferdchen ist der Star der Ausstellung das nachgebildete Skelett eines Tyrannosaurus Rex. Er ist natürlich nicht der einzige Dinosaurier im Museum, und es wundert sicher keinen, dass im Bundesland voller Rekorde dieses Museum die größte Dinosaurierausstellung Deutschlands hat.

Hauptstadt: Wiesbaden

- **Größe:** 21114 km², das entspricht ca. 2,9 Mio. Fußballfeldern
- **Einwohner:** ca. 6,1 Mio.
  Kinder von 0–14: ca. 873000
  Jugendliche von 15–18: ca. 198000
- **Höchster Berg:** Wasserkuppe, 950 m
- **Größter See:** Lampertheimer Altrheinsee, 0,74 km²
- **Längster Fluss:** Rhein, fließt 107 km durch Hessen
- **Banken:** 224

Mecklenburg-Vorpommern

Ein geteiltes Landeswappen ist uns ja schon öfter begegnet und immer weist es auf dasselbe hin: Dieses Bundesland ist aus mehreren, früher unabhängigen Gebieten zusammengesetzt. Zwei davon findet man schon im Namen des Landes: Mecklenburg und Vorpommern.
Für Mecklenburg steht im Wappen der Stier. Er ist das Zeichen für Stärke und Kraft. Dass der Stier gleich zweimal im Wappen auftaucht, liegt daran, dass es früher zwei Großherzogtümer, Mecklenburg-Schwerin und Mecklenburg-Strelitz, gab, die beide den Stier im Wappen trugen. Vorpommern wird durch den Greif vertreten. Er ist ein Fabeltier, halb Adler halb Löwe, und war schon das Wappentier der Herzöge von Pommern. Der rote Adler ähnelt verdächtig dem Brandenburgischen Adler. Und tatsächlich steht er für die Gebiete des Landes Mecklenburg-Vorpommern, die früher zu Brandenburg gehörten, wie der nördliche Zipfel der Uckermark.

Mecklenburg-Vorpommern wird auch die »größte Badewanne Deutschlands« genannt. Zu Recht, denn es ist das wasserreichste Bundesland. Hier gibt es über 2000 Seen. Sie entstanden in der letzten Eiszeit. Vom Norden her, dort wo heute Finnland, Schweden und die Ostsee sind, schoben sich gewaltige Gletscher über das Land. Sie waren so kräftig, dass sie riesige Mengen Geröll vor sich her drückten und das Land plattwalzten. Felsblöcke zerrieben das Eis zu kleineren Steinen und Sand. Als es

wieder wärmer wurde, schmolz das Eis und floss in Rinnen ab. Die Seen und Flüsse sind die Überreste dieser alten Schmelzwasserrinnen. Erst seit ungefähr 12 000 Jahren ist das Gebiet eisfrei. Das klingt nach einer langen Zeit, aber wenn man sich die Erdgeschichte ansieht, dann ist es noch gar nicht so lange her. Übrigens: Am Strand und auf den Feldern kann man noch heute Steine finden, die ursprünglich aus Schweden und Finnland stammen und mit dem Eis nach Mecklenburg-Vorpommern gekommen sind.

Steine und Strand – das klingt nach noch mehr Wasser. Und es stimmt: In Mecklenburg-Vorpommern gibt es nicht nur viele Seen, sondern im Norden auch noch jede Menge Meer. Hier grenzt das Bundesland an die OSTSEE. **Die Küste ist 350 Kilometer lang.** An den weißen Stränden tummeln sich heute im Sommer viele Urlauber. Vor 200 Jahren war SOMMERURLAUB am Meer noch etwas Besonderes. Nur reiche Bürger und Adelige konnten sich dieses Vergnügen leisten. Sie kamen zur sogenannten Sommerfrische an die Küste. In dieser Zeit entstanden die vornehmen Seebäder in Heiligendamm, Binz und anderen Orten an der Ostsee. Es gab Badehäuser, Salons, Kurhäuser und am Nachmittag spazierten die Gäste auf den Strandpromenaden.

Familienbad in Binz auf Rügen

Wer heute an der Ostsee Urlaub macht, kann nicht nur baden, sondern auch auf Schatzsuche gehen. Hier findet man mit etwas Glück Bernstein. Der gelbe Stein wird auch »Gold der Ostsee« genannt. Es ist das versteinerte Harz 40 Millionen Jahre alter Nadelbäume, das sich am Meeresgrund abgelagert hat. Nach Stürmen oder bei Flut wird er an den Strand gespült. Aus dem Stein kann man Schmuck, zum Beispiel Ketten oder Armbänder, machen. Wer sicher sein will, dass er wirklich Bernstein gefunden hat, kann die Wasserprobe durchführen: In Salzwasser schwimmt der Stein oben, in Leitungswasser versinkt er. Die Feuerprobe solltet ihr besser nicht machen, denn Bernstein verbrennt zu einer schwarzen, schmierigen Masse. Das war es dann mit der Halskette.

Was schon viele gesucht haben, aber noch keiner finden konnte, ist Vineta. Der Sage nach soll die Stadt größer und schöner als irgendeine andere Stadt in Europa gewesen sein. Sie war so reich, dass sogar die Schweine aus goldenen Trögen fraßen. Weil die Bewohner von Vineta hochmütig wurden, ging die Stadt in einer Sturmflut unter. An windstillen Tagen hört man angeblich auch heute noch das silberhelle Läuten der Glocken aus dem Meer. An welcher Stelle die versunkene Stadt in der Ostsee zu finden sein soll, darüber streiten sich die Gelehrten.

Leicht zu finden ist dagegen die größte Insel Deutschlands: Rügen. Man erkennt sie schon von Weitem an den steil aufragenden, weißen Kreidefelsen. Sie bestehen aus den Kalkskeletten kleiner Lebewesen, die vor 50 Millionen Jahren lebten. Wer ein Stück Kreide findet, kann damit tatsächlich malen. Die Kreide, mit der ihr in der Schule an der Tafel schreibt, besteht allerdings aus Gips und wird nicht auf Rügen abgebaut. Kreide, die auf der Insel gewonnen wird, verarbeitet man zum Beispiel in Farben oder zu Heilkreide, die gegen Krankheiten helfen soll.

Ein KREIDEFELSEN ragt auf Rügen ganz besonders heraus: Es ist der KÖNIGSSTUHL. Um seinen Namen ranken sich verschiedene Geschichten. Eine besagt, dass in früheren Zeiten derjenige König wurde, der es schaffte, als Erster den Felsen hinaufzuklettern und sich oben auf einen Stuhl zu setzen. Eine andere Geschichte erzählt, dass König Karl XII. 1715 von dort oben die Seeschlacht gegen die Dänen geführt haben soll. Weil das Ganze sehr lange dauerte, ließ sich der König einen Stuhl bringen.

Wer über Rügen fährt, fährt oft durch Alleen. Das Wort »Allee« kommt vom französischen »aller« und bedeutet »gehen«. Von den Franzosen wurde vor 250 Jahren nicht nur das Wort, sondern auch die Mode, Baumreihen entlang der Straße zu pflanzen, übernommen. Reisende konnten so den Weg besser finden und die Bäume schützten sie vor Wind und Sonne. Heute gibt es 4374 Kilometer ALLEEN in Mecklenburg-Vorpommern. Würde man eine Straße dieser Länge mit Bäumen bepflanzen, reichte sie von Lissabon (Portugal) bis Moskau (Russland).

Jedes Jahr im Herbst kann man in Mecklenburg-Vorpommern etwas ganz Besonderes beobachten. Auf ihrem Weg von Skandinavien nach Südeuropa landen 40 000 KRANICHE zwischen Zingst und Rügen. Hier fressen sie sich auf den Feldern noch einmal satt, bevor sie ihren Flug ins wärmere Winterquartier fortsetzen.

Die Kraniche fühlen sich hier wohl, weil sie von Menschen ungestört sind.

Kraniche bei ihrer Rast in einem Maisfeld

Das liegt daran, dass Mecklenburg-Vorpommern das am dünnsten besiedelte Bundesland Deutschlands ist. Wo so wenige Menschen leben, sind auch die Städte klein. Rostock ist die einzige Großstadt des Landes, aber nicht seine Hauptstadt. Das ist SCHWERIN. In der Stadt leben knapp 100 000 Einwohner. Schwerin ist damit die kleinste Landeshauptstadt. Weil die Stadt zwischen sieben Seen liegt, konnte sie sich nicht weit ausbreiten. Das Wasser begrenzte sie.

Ein Gebäude überragt in Schwerin aber alle anderen: Es ist das Schloss, das so viele Türme haben soll, wie das Jahr Tage hat. Natürlich ist auch das Schloss von Wasser umgeben. Es liegt mitten im Schweriner See. Heute ist Schloss Schwerin der Sitz des Landtages von Mecklenburg-Vorpommern.

Hauptstadt: Schwerin

- **Größe:** 23 182 km^2, das entspricht ca. 3,2 Mio. Fußballfeldern
- **Einwohner:** ca. 1,7 Mio.
  Kinder von 0–14: ca. 177 000
  Jugendliche von 15–18: ca. 59 000
- **Höchster Berg:** Helpter Berge, 179 m
- **Größter See:** Müritz, 110 km^2
- **Längster Fluss:** Elde, fließt 208 km durch Mecklenburg-Vorpommern
- **Mitglieder in Fußballvereinen:** ca. 49 000
- **Kraniche:** zeitweise 40 000
- **Alleen:** 4374 km

Niedersachsen

Die Niedersachsen verbindet eine lange Liebe zu den Pferden. Ungefähr 300 nach Christus wanderte das germanische VOLK DER SACHSEN, vom Norden kommend, in das Gebiet des heutigen Niedersachsen ein. Schon die Sachsen sollen Pferde sehr geschätzt haben. Aber erst 1341 machten sich die herrschenden Herzöge die Beliebtheit des Pferdes beim Volk zunutze und wählten es zu ihrem Wappentier. Weil sie im ursprünglichen Herrschaftsgebiet der Sachsen regierten, wurde das Pferd als SACHSENROSS bezeichnet.

Noch heute begegnet einem das Wappentier des Landes an vielen Ecken. Genauer gesagt findet man es an einer ganz bestimmten Ecke der großen alten Bauernhäuser, nämlich oben, am Dachgiebel. Die zwei gekreuzten Hölzer schützen das reetgedeckte Dach vor Wind. Die Enden der Hölzer sind mit geschnitzten Pferdeköpfen, eben dem Sachsenross, verziert.

»Niedersachsenhaus« mit zwei gekreuzten Pferdeköpfen am Dachgiebel

Auch sonst haben die Niedersachsen viel mit Pferden zu tun. Hier werden die erfolgreichsten Sportpferde Deutschlands, die Hannoveraner, gezüchtet. Das beste Dressurpferd der Welt kommt aus dieser Zucht: Gigolo, geritten von Isabell Werth. Und auch im Springen liegen die Hannoveraner vorne: Mit ET heimste Hugo Simon die meisten Gewinne ein. Insgesamt hat ET 3,2 Millionen Euro Preisgeld gewonnen.

Wer mit einem der Pferdezüchter über den Preis verhandelt, der versteht vermutlich erst einmal Bahnhof. Das liegt nicht nur an den großen Geldsummen, die für manchen vierbeinigen Spitzensportler verlangt werden, sondern vor allem am Dialekt. Ihre niederdeutsche Sprache nennen die Einheimischen Platt. Zu ihren Kindern sagen sie zum Beispiel: »Bien äten drafst du erst körn, wenn dat handauck wackelt.« Ins Hochdeutsche übersetzt, heißt das: »Beim Essen darfst du erst reden, wenn das Handtuch wackelt.« Ehrlich gesagt mussten wir auch nach der Übersetzung länger über den Satz nachdenken. Ein Handtuch hängt während des Essens ruhig am Haken. Geredet werden darf aber nur, wenn das Handtuch wackelt. Da das Handtuch nicht wackelt, bedeutet der Satz also, dass Kinder beim Essen gar nicht reden sollen. Wir vermuten, dass der Spruch doch schon ein bisschen veraltet ist.

Viele, die Platt zum ersten Mal hören, finden es nicht nur unverständlich, sondern haben außerdem das Gefühl, dass es s e e e h r langsam gesprochen wird. Völlig falsch, entgegnen die Niedersachsen, die behaupten, sie würden einfach nur mehr Luft zwischen die Worte lassen. Aber nicht überall wird Platt gesprochen. Niedersachsen ist ein Land der Gegensätze: Während ein Tourist die Bewohner auf dem Land oft nicht versteht, gilt Hannover als die Stadt, in der das reinste, dialektfreie Hochdeutsch in ganz Deutschland gesprochen wird.

Hannover ist die größte Stadt Niedersachsens und seine Landeshauptstadt. Hier findet jedes Jahr die WELTGRÖSSTE COMPUTERMESSE, die Cebit, statt. Wer sich für die neuesten Computer, Fernseher und alles, was dazugehört, interessiert, ist hier genau richtig. Aber auch denen, die lieber feiern als fachsimpeln, hat Hannover etwas zu bieten. Hier findet nämlich einmal im Jahr das WELTGRÖSSTE SCHÜTZENFEST statt. Über 5000 Schützen marschieren dann mit ihren Fahnen und Musikkapellen am Festplatz auf. Ursprünglich verteidigten die Schützen bei einem Angriff ihre Stadt mit Waffen. In Friedenszeiten gab es sportliche Wettkämpfe, bei denen der beste Schütze mit Preisen geehrt wurde. Heute muss Hannover nicht mehr von Schützen verteidigt werden. Die Sportschützen, die sich hier einmal im Jahr treffen, schießen nur noch bei Wettbewerben. Und natürlich kommen auch all diejenigen, die gerne auf einen Jahrmarkt gehen, denn hier kann man eine Woche lang Riesenrad, Achterbahn und Karussell fahren. Schützenfeste werden in Niedersachsen so gern gefeiert, dass es nicht nur das eine, große Fest in Hannover gibt. Sie finden in fast jedem Ort des Bundeslandes einmal im Jahr statt.

Während Schützenfeste auch in anderen Teilen Deutschlands gefeiert werden, pflegen die Norddeutschen, vor allem die Friesen, einen BRAUCH, den es nirgendwo anders gibt: Er heißt Boßeln.

→ »Boßeln« ist der plattdeutsche Begriff für »Kugeln«. Und genau um die geht es auch. Zwei Mannschaften treffen sich auf Landstraßen und versuchen, abwechselnd eine Kugel möglichst weit zu werfen. Weitergespielt wird immer von dem Punkt, an dem die Kugel der eigenen Mannschaft zuletzt gelandet ist. Die Mannschaft, die eine ungefähr sieben Kilometer lange Strecke zuerst überwunden hat, hat gewonnen. Geboßelt wird übrigens nur im Winter. Manche sagen, das läge daran, dass das Boßeln von Bauern erfunden wurde, die im Winter nicht auf den Feldern arbeiten mussten. Andere meinen, es läge daran, dass nur im Winter das Wasser in den Straßengräben gefroren ist und man die Kugeln dann leichter bergen kann.

Die Landschaft in Niedersachsen ist abwechslungsreich: Während es im Süden Gebirge gibt, wird es nach Norden hin immer flacher. Dort findet man Seen, Moore und große Heidelandschaften. Begrenzt wird Niedersachsen im Norden vom Meer.

Die Landwirtschaft spielt in diesem Bundesland eine große Rolle. Im Norden, dem »Alten Land«, wird Obst angebaut. Im größten zusammenhängenden Obstanbaugebiet Nordeuropas wachsen vor allem Äpfel. Aber nicht nur beim Obst, auch bei den Tieren halten die Bauern aus Niedersachsen einen Rekord. Mit 8 Millionen Schweinen, die hier jedes Jahr gemästet werden, liegt das Bundesland an der Spitze aller Länder in Deutschland. Zu welchen Problemen eine solche Massentierhaltung führen kann, zeigt sich zum Beispiel, wenn Seuchen wie die Schweinepest ausbrechen. Dann müssen oft Tausende Schweine auf einmal notgeschlachtet werden, damit sich die Krankheit nicht weiterverbreitet. Aber nicht alle Tiere leben so beengt. In der Lüneburger Heide sieht man noch Schäfer mit ihren Tieren über die Wiesen ziehen.

Natürlich besteht Niedersachsen nicht nur aus Landwirtschaft und Bauernhöfen. Ein kleines Auto mit einem netten Tiernamen wurde in Wolfsburg entwickelt. Der Käfer war so erfolgreich, dass er 65 Jahre lang fast unverändert gebaut wurde und über 21 Millionen Mal vom Band rollte. Heute gibt es zwar keine neuen Käfer mehr, aber in Wolfsburg werden weiterhin erfolgreich Autos hergestellt.

Wer es lieber etwas größer und luxuriöser hat, der sollte bei der Meyer Werft in Papenburg vorbeischauen. Dort werden riesige KREUZFAHRTSCHIFFE gebaut, auf denen es nicht nur Kabinen, Swimmingpools und Restaurants, sondern auch Kinos, Fußballplätze, Kletterwände und Eislaufhallen gibt. Von vielen Zuschauern bestaunt wird der Moment, in dem die riesigen Luxusschiffe durch den Fluss EMS in Richtung Meer befördert werden. Die Ems ist dafür eigentlich nicht tief genug und muss deshalb zuerst einmal aufgestaut werden, damit die Schiffe genug Wasser unter dem Kiel haben. Danach beginnt die mühsame Arbeit des Rangierens durch den schmalen Fluss. 40 Kilometer müssen vorsichtig überwunden werden. Das dauert oft zehn bis zwölf Stunden.

Ein 300 Meter langes Kreuzfahrtschiff wird auf der Ems in die Nordsee überführt.

Der schiefste Kirchturm der Welt

Zum Schluss noch etwas, was uns selbst ganz erstaunt hat, als wir uns über Niedersachsen informiert haben: Wer den SCHIEFSTEN TURM DER WELT sehen möchte, muss nicht nach Pisa in Italien reisen, sondern sollte nach Suurhusen bei Emden fahren. Der Kirchturm des Ortes ist so schief, dass er Ende des Jahres 2008 ins Guinnessbuch der Rekorde aufgenommen werden soll. Der Grund für seine Schräglage ist das Fundament. Der Turm wurde auf alte Eichenholzstämme gebaut, die jahrhundertelang im Wasser lagen. Als der Grundwasserspiegel sank, weil die Felder entwässert wurden, vermoderten die nun trockenen Stämme und der Turm sackte ab.

Hauptstadt: Hannover

- **Größe:** 47 624 km², das entspricht ca. 6,5 Mio. Fußballfeldern
- **Einwohner:** ca. 8 Mio.
  Kinder von 0–14: ca. 1,2 Mio.
  Jugendliche von 15–18: ca. 283 000
- **Höchster Berg:** Wurmberg (Harz), 971 m
- **Größter See:** Steinhuder Meer, 29 km²
- **Längster Fluss:** Weser, fließt 353 km durch Niedersachsen
- **Pferde:** 87 305
- **Schiefer Turm:** 1

Nordrhein-Westfalen

Ein Pferd am Fluss mit einer Blume – das Wappen von Nordrhein-Westfalen sieht sehr harmonisch aus. Der Fluss ist der Rhein, das springende Pferd stellt das Westfalenross dar und unten in der Spitze steht die lippische Rose, für den Kreis Lippe. Aber ehrlich gesagt, die Harmonie täuscht, denn unterschiedlicher könnten Westfalen und Rheinländer kaum sein: Während der Westfale als pünktlich, zuverlässig, ein bisschen langsam und humorlos gilt, werden dem Rheinländer der Hang zum Frohsinn, Unstetigkeit und Leichtlebigkeit nachgesagt.

Die britischen Besatzer fügten 1946 die Gegensätze zu einem neuen Bundesland zusammen. Nicht ohne Grund: Mitten im neu gegründeten Nordrhein-Westfalen lag das Ruhrgebiet, ein wirtschaftlich sehr wichtiges Zentrum, in dem Kohle gefördert und Stahl verarbeitet wurde. Auch die anderen Siegermächte hatten damals Interesse am Ruhrgebiet. Es galt also, schnell und unauffällig zu handeln. Die Briten nannten ihren Geheimplan zur Gründung des bevölkerungsreichsten Bundeslandes »Operation marriage«, also: »Aktion Heirat«. Sie fügten kurzerhand die beiden Gebiete zusammen. Eine Liebesehe war diese Vereinigung nicht. Der Kreis Lippe kam übrigens erst ein Jahr später freiwillig hinzu.

Das Ruhrgebiet verbindet man vor allem mit Bergwerken, in denen Steinkohle abgebaut wird. Die Entdeckung der Kohle

ist der Sage nach einem Jungen zu verdanken. Der hütete die Schweine der Familie, und weil es kalt war, zündete er sich mit Holz ein Lagerfeuer an. Um das Feuer abends zu löschen, legte er ein paar der schwarzen Steine, die seine Schweine ausgegraben hatten, darauf. Als er am nächsten Morgen zurückkam, war das Feuer aber nicht erloschen, sondern glühte zu seinem großen Erstaunen immer noch. Was da glühte, war Steinkohle.

Anfangs fand man die Kohle noch dicht unter der Erde. Zur Orientierung dienten den Menschen auch Maulwurfshügel. Wenn der Maulwurf schwarze Erde aufhäufte, dann lohnte es sich zu suchen. Später wurde es schwieriger, an die Kohle zu kommen. Sie lag tief im Boden und man musste lange STOLLEN graben. Die Kohle, die die Bergleute zutage förderten, wurde zum Beispiel in Stahlwerken zum Schmelzen des Metalls benötigt.

Steinkohleabbau in einem Stollen

Mit der Zeit siedelten sich immer mehr Fabriken im Ruhrgebiet an. Weil es dort Arbeit gab, kamen auch immer mehr Menschen aus ganz Deutschland, aber auch aus anderen Ländern wie Polen und Italien. Die Städte wuchsen, und mittlerweile kann man kaum mehr erkennen, wo die eine anfängt und die andere aufhört. Heute leben im Ruhrgebiet fünf Millionen Menschen. Das sind doppelt so viele wie in ganz Brandenburg. Am Wochenende geht es für viele von ihnen rund: Dann pilgern die FUSSBALL-FANS in ihre Stadien auf Schalke (04), zur Borussia (Dortmund), zum MSV (Duisburg) oder zum VFL (Bochum).

Die letzten 200 Jahre haben Kohle und rauchende Kamine das Leben im Ruhrgebiet bestimmt. Seit den 60er-Jahren werden immer mehr **ZECHEN**, so heißen die Anlagen, in denen Kohle abgebaut wird, geschlossen. Seitdem verändert sich das Ruhrgebiet: Neue Firmen, zum Beispiel solche, die Programme für Computer entwickeln, siedeln sich an. Alte Zechen werden zu Museen, Theatern und Freizeitparks umgebaut. Wer Lust hat, kann nun zum Beispiel im Winter in der Zeche Zollverein zwischen alten Fabrikgebäuden Schlittschuh laufen.

Was im Ruhrgebiet hergestellt wird, muss auch weitertransportiert werden. Dort wo Rhein und Ruhr zusammenfließen, liegt die Stadt **DUISBURG**. Hier befindet sich der **GRÖSSTE BINNENHAFEN EUROPAS**. Mit Zügen und Lastern werden die Waren zu den Verladestationen gebracht und dort auf Schiffe umgeladen. Früher wurden hier vor allem Kohle, Erze und Stahl verladen. Heute verlassen Container mit Maschinen- und Autoteilen das Ruhrgebiet. Im Gegenzug bringen Binnenschiffe zum Beispiel Spielzeug und Kleidung aus den großen Seehäfen von Amsterdam, Rotterdam und Antwerpen.

Da Schiffer die meiste Zeit auf dem Wasser verbringen, sehen sie Kirchen meist nur von Weitem. Im Duisburger Hafen gibt es deshalb etwas Besonderes: **KIRCHENSCHIFFE**. Auf zwei kleinen Schiffen kreuzen je ein katholischer und ein evangelischer Pfarrer im Hafen. Die Kirche kommt also zu den Binnenschiffern, und wer einen Gottesdienst besuchen oder heiraten möchte, muss nur kurz umsteigen. Ungefähr 30 Schiffer haben auf der schwimmenden Kirche Platz.

Einmal am Rhein angekommen, befinden wir uns auch schon im nördlichen Rheinland. Fährt man flussaufwärts, kommt man zur

Landeshauptstadt Düsseldorf. Hier haben, wie in jeder Landeshauptstadt, der Landtag und die Landesregierung ihren Sitz. Das ist also nicht weiter ungewöhnlich. Ungewöhnlich ist allerdings das, was manche Düsseldorfer einmal im Jahr betreiben: das Radschlagen. Man weiß nicht genau, wie dieser Brauch entstanden ist. Eine Geschichte erzählt, dass die Düsseldorfer nach dem Sieg über den Kölner Erzbischof in der Schlacht von Worringen (1288) vor Freude Räder schlugen. Der Sieg war für sie so bedeutend, weil der siegreiche Graf von Berg ihr Dorf an der Düssel – zum Dank für die Unterstützung in der Schlacht – zur Stadt ernannte. Noch heute gibt es jedes Jahr einen Wettbewerb, in dem sich 500 Kinder beim Radschlagen miteinander messen. Dabei geht es darum, eine 15 bis 20 Meter lange Strecke möglichst schnell Rad schlagend zu überwinden. Teilnehmen dürfen aber nur Kinder, die in Düsseldorf wohnen.

Wer den Fluss weiter aufwärts fährt, kommt nach Köln. Schon von Weitem sieht man das Wahrzeichen der Stadt, den **Kölner Dom**. 600 Jahre dauerte es, bis er endlich fertig gebaut war.
Heute ist er das meistbesuchte Denkmal Deutschlands.
Viele Besucher kommen, um die Gebeine der Heiligen Drei Könige in ihrem Schrein zu sehen. Seit 2007 hat der Dom auf seiner Südseite eine neue Attraktion: Es sind einige ganz moderne, bunte Fenster. Die hat der Künstler Gerhard Richter entworfen.

Noch ein Stückchen weiter rheinaufwärts kommt man nach **Bonn**. Die Stadt war bis 1990 Hauptstadt der Bundesrepublik Deutschland. Nach der Wiedervereinigung beschloss das Parlament aber, dass fortan Berlin die Hauptstadt des Landes sein sollte. Bei Bonn erheben sich rechts und links des Rheins Berge: das **Siebengebirge** und die **Eifel**. Sie entstanden, als in dieser Gegend noch Vulkane Lava und Feuer spuckten. Die Erde um die

Vulkane herum ist heute sehr fruchtbar, da bei den Ausbrüchen Mineralien aus dem Erdinnern an die Oberfläche befördert wurden. In der Voreifel können die Bauern deshalb besonders gut Obst und Gemüse anbauen.

Von der Eifel im Westen wechseln wir zu den Bergen im Osten des Bundeslandes. Das ROTHAARGEBIRGE ist so hoch, dass der Schnee im Winter liegen bleibt und man Ski fahren kann. Am Rande des Gebirges, in Attendorn, kann man die GRÖSSTE TROPFSTEINHÖHLE Deutschlands besichtigen. Bevor wir uns aus der Gegend verabschieden und uns nach Westfalen aufmachen, hier noch eine wichtige Adresse für alle, die dem Christkind ihre Wünsche schicken wollen. Die sendet ihr am besten »An das Christkind« in 51766 Engelskirchen. Ob ihr es glaubt oder nicht, die Briefe werden tatsächlich alle beantwortet.

In WESTFALEN verändert sich die Landschaft. Um MÜNSTER herum ist das Land flacher und große grüne Wiesen breiten sich aus. Überall sieht man weidende PFERDE. Das Münsterland ist Pferdeland. In keiner Region Deutschlands gibt es mehr Pferde. In Warendorf befindet sich das große Landgestüt von Nordrhein-Westfalen, in dem ungefähr 100 Hengste stehen. Weniger edle, dafür aber sehr robuste Pferde findet man bei Dülmen, im Meerfelder Bruch. Hier leben ungefähr 300 Wildpferde.

Wildpferde im Meerfelder Bruch beim jährlichen Pferdetrieb

Das ganze Jahr über sind die Pferde sich selbst überlassen, sie werden nicht gefüttert und leben ohne Tierarzt. Am letzten Samstag im Mai jeden Jahres findet der Wildpferdefang statt. Alle Pferde werden zusammengetrieben und die überzähligen einjährigen Hengste eingefangen und verkauft. Man kann sie nicht in der Herde lassen, da der Platz nicht für so viele Tiere reicht.

Zum Schluss noch etwas, das Rheinländer und Westfalen gemeinsam haben: In beiden Gebieten gibt es ziemlich komische Namen für Essbares: Wer im Rheinland einen »Halven Hahn« bestellt, bekommt kein halbes Hähnchen, sondern ein Roggenbrötchen mit Käse. Und wer in Westfalen ein »Errötendes Mädchen« isst, ernährt sich nicht von Menschen, sondern verspeist einen süßen Nachtisch mit Pumpernickel (Schwarzbrot), Sahne und Himbeeren.

Hauptstadt: Düsseldorf

- **Größe:** 34 085 km², das entspricht ca. 4,7 Mio. Fußballfeldern
- **Einwohner:** ca. 18 Mio.
  Kinder von 0–14: ca. 2,7 Mio.
  Jugendliche von 15–18: ca. 850 000
- **Höchster Berg:** Langenberg, 843 m
- **Größter See:** Hariksee mit 0,2 km²
- **Längster Fluss:** Rhein, fließt 226 km durch NRW
- **Mitglieder in Fußballvereinen:** ca. 1,4 Mio.
- **Pferde:** 98 491

Rheinland-Pfalz

Beim Landeswappen von Rheinland-Pfalz lohnt es sich, auf Kleinigkeiten zu achten. Wer sich die goldene Krone, die das Wappen am oberen Rand verziert, genau ansieht, erkennt, dass die fünf Spitzen WEINBLÄTTER darstellen. Den Wein, genauer gesagt die Weinstöcke, brachten die Römer schon vor über 2000 Jahren in diese Gegend. Sie besiegten hier die Germanen und stellten schnell fest, dass ihr Wein nicht nur in Italien, sondern auch an den warmen Hängen von Rhein und Mosel prächtig wuchs. Daran hat sich bis heute nichts geändert, und deshalb ist Rheinland-Pfalz das Bundesland, in dem mit Abstand am meisten Wein angebaut wird. Zwei Drittel aller Weinstöcke wachsen hier.

Die RÖMER haben den Rheinland-Pfälzern aber nicht nur den Wein hinterlassen. In TRIER, der ältesten Stadt Deutschlands, findet man noch viele Bauten, die an die Römerzeit erinnern. Damals hieß die Stadt Augusta Treverorum und war der Sitz römischer Kaiser. Entsprechend gut ausgestattet und geschützt war die Stadt. Es gab eine Stadtmauer mit vier Toren, von denen eines, die PORTA NIGRA, noch erhalten ist. Porta Nigra heißt »Schwarzes Tor«. So schwarz, wie das Tor heute aussieht, war es aber nicht immer.

Porta Nigra in Trier

Im Gegenteil: Als die Römer es bauten, war es sandfarben. Mit den Jahren setzten sich im Sandstein aber Bakterien ab, die das Tor schwarz färbten. Deshalb bekam es im Mittelalter diesen Namen.

! Außer der Porta Nigra findet man in Trier weitere Reste römischer Bauten. Das Amphitheater, die Römerbrücke, den Dom, die Basilika und die Thermen kann man noch heute besichtigen. Übrigens: Die Römer waren so gute Baumeister, dass ihre **Thermen**, also die großen Badehäuser, schon damals mit Fußbodenheizung ausgestattet waren.

Auch die Ursprünge der **Ältesten Kirche Deutschlands**, des Doms von Trier, gehen bis auf die Zeit der Römer zurück. Und eine alte Sage rankt sich um eine Säule, die zerbrochen vor dem Dom liegt: Um den Dom zu bauen, mussten vier schwere Säulen herangeschafft werden. Der Architekt holte sich Hilfe beim Teufel: Er erzählte ihm, dass er das größte Wirtshaus der Welt baue, und der Teufel war sofort bereit zu helfen. Als er die letzte Säule heranschleppte, bemerkte er, dass ihn der Architekt belogen hatte und das Bauwerk eine Kirche werden sollte. Vor Wut schleuderte er die Säule Richtung Dom, verfehlte ihn aber knapp, sodass die Säule bis heute vor dem Eingang liegt.

Eine schöne Geschichte, aber doch nicht wahr, denn die Säule kam in Wirklichkeit auf andere Weise vor den Dom: 1614 entdeckte man bei Arbeiten in der Kirche die Bruchstücke einer alten Granitsäule im Boden. Sie war eine der vier Säulen, die den ersten Dombau stützten. Bei seiner Zerstörung zerbrachen auch die Säulen und man ließ sie einfach liegen. Der neue Dom wurde auf diesen Resten erbaut. Als man die Säule 1614 wiederfand, wurde sie ausgegraben und vor dem Dom abgelegt.

Im Mittelalter war das heutige Rheinland-Pfalz in viele kleine Gebiete aufgeteilt. Jeder Kurfürst, Bischof und Ritter, der etwas auf sich hielt, baute sich zumindest eine Burg oder ein prunkvolles Schloss. Manche von ihnen konnten sich gar nicht leiden, sie waren wie Katz und Maus. Zwei nahe beieinanderliegende BURGEN haben dieser Konkurrenz sogar ihren Namen zu verdanken: Der Bischof von Trier ließ 1355 zur Sicherung seines neuen Besitzes die Deurenburg bauen. Als Antwort darauf baute Graf Johann III. von Katzenelnbogen die Burg Neu-Katzenelnbogen. Das Volk nannte sie kurz »Burg Katz«. Woraufhin Graf Johann III., der Bewohner von Burg Katz, der Nachbarburg spöttisch den Namen »Burg Maus« verlieh.

Burg Katz

Burg Maus

Mit Mäusen hat man es am Rhein. Auf einer kleinen Insel bei Bingen steht der MÄUSETURM. Um seinen Namen ranken sich viele Geschichten. Eine besagt, dass die Mainzer ihrem Erzbischof Hatto (ab 968 n. Chr.) so viel von ihrer Ernte abgeben mussten, dass eine Hungersnot ausbrach. Als Mäuse all sein gehortetes Getreide vernichtet hatten, floh Hatto in seinen Turm auf der Rheininsel. Doch er entkam seiner Strafe nicht, denn die Mäuse sollen ihn bis hierhin verfolgt und schließlich gefressen haben. Aber das ist natürlich nur eine Geschichte …

Zurück ins heutige Rheinland-Pfalz: In Ludwigshafen sitzt der weltweit GRÖSSTE CHEMIEKONZERN. Hier werden Grundstoffe für Farben, Pflanzenschutzmittel, Kunststoffe für die

Laufbahnen von Sportstadien und auch die Schaumstoffe für Surfboards hergestellt. Vor 55 Jahren wurde in der Fabrik das Styropor erfunden. Auch die Lacke der Formel-1-Rennwagen werden hier entwickelt. Auf dem Nürburgring in der Eifel geben die Rennautos dann Vollgas beim Grand-Prix-Rennen um Punkte in der Weltmeisterschaft. Wer sich wie Michael Schumacher fühlen möchte, kann an rennfreien Tagen mit dem eigenen Auto Runden auf der Formel-1-Strecke drehen. Im Winter führt eine 60 Meter lange Rodelstrecke vom Dach des Boxenlagers hinunter ins Fahrerlager.

Auch in Andernach kann man eine spannende Entdeckung machen: Auf einer Rheininsel bei der Stadt schießt kaltes Wasser 45 Meter hoch aus dem Boden. Ursprünglich wurde hier ein Loch gebohrt, um an die Kohlensäure, die im Boden vorkommt, zu gelangen. Die Kohlensäure wird nicht mehr benötigt, sammelt sich aber weiterhin in dem Bohrloch und lässt ungefähr alle zwei Stunden eine Wasserfontäne aus dem Boden schießen. Das funktioniert genauso wie bei einer Sprudelwasserflasche, wenn man sie schüttelt und dann öffnet. Die Kohlensäure drückt das Wasser aus der Flasche. Besichtigen kann man den Geysir allerdings nur an wenigen Tagen im Jahr, wenn der Schieber vor dem Bohrloch geöffnet wird.

Dass ihr dies hier lesen könnt und ein gedrucktes Buch in den Händen haltet, verdankt ihr übrigens einem Mann, der im Mittelalter in Mainz lebte. Damals gab es noch keine Buchläden, in denen sich jeder ein Buch kaufen konnte. Die Bücher, vor allem die Bibel, wurden größtenteils noch mühsam von Hand geschrieben. Johannes Gutenberg entwickelte vor 550 Jahren den Buchdruck entscheidend weiter. Er goss Metallbuchstaben, setzte sie zu Wörtern zusammen und erfand Druckpressen, mit

denen die Texte auf Papier gedruckt wurden. Dadurch konnte eine Seite beliebig oft hergestellt werden. Erst der Buchdruck ermöglichte, dass viele Menschen Bücher und Zeitungen kaufen und lesen konnten.

Da Rheinland-Pfalz ein Bundesland voller Geschichten und Sagen ist, folgt hier noch eine letzte: Der Rhein war früher an manchen Stellen für Schiffer ein gefährlicher Fluss. Bei St. Goarshausen ragt ein Felsen besonders weit vor. Unter dem Wasser gab es Sandbänke und scharfe Felskanten und es bildeten sich gefährliche Wasserstrudel. Immer wieder kenterten Schiffe. Schuld war der Sage nach die Loreley, eine wunderschöne Meerjungfrau. Sie kämmte ihr langes blondes Haar mit einem goldenen Kamm und sang wundervoll dazu. Die Schiffer sollen davon so verzaubert worden sein, dass sie nicht mehr auf den Weg achteten. Heute ist die Fahrrinne an dieser Stelle breiter, die Schiffe haben keine Probleme mehr, aber die Loreley ist unvergessen. Der Felsen wurde nach ihr benannt.

Hauptstadt: Mainz

- **Größe: 19 853 km², das entspricht ca. 2,7 Mio. Fußballfeldern**
- **Einwohner: ca. 4 Mio.**
  Kinder von 0–14: ca. 587 000
  Jugendliche von 15–18: ca. 194 000
- **Höchster Berg: Erbeskopf, 816 m**
- **Größter See: Laacher See, 3,32 km²**
- **Längster Fluss: Rhein, fließt 294,6 km durch Rheinland-Pfalz**
- **Mitglieder in Fußballvereinen: 446 471**
- **Rebstöcke: ca. 288 Mio.**

Saarland

Das Saarland hat eine sehr bewegte Geschichte. Achtmal hat das Land allein in den letzten 200 Jahren die Nationalität gewechselt. 1957 kam es als letztes der »alten« Bundesländer zu Deutschland. Als man nach einem Wappen für das Bundesland suchte, entschied man sich, weit in der Geschichte zurückzugehen. Zurück in die Zeit vor 1789, als 15 verschiedene Herrscher das Gebiet des heutigen Saarlands unter sich aufteilten. Die Wappen der vier größten Herrscher hat man auf dem Landeswappen abgebildet. Der silberne Löwe steht für die Grafen von Saarbrücken, das rote Kreuz für die Kurfürsten von Trier, der Schrägbalken mit Adlern für die Herzöge von Lothringen und der goldene Löwe war auf dem Wappen der Herzöge von Pfalz-Zweibrücken zu sehen.

Das Saarland ist das kleinste Flächenland Deutschlands. In seiner wechselvollen Geschichte gehörte es mal zu den Franzosen, mal zu den Deutschen und manchmal war es auch eigenständig. Eigenständig bedeutet, dass es eine eigene Verwaltung, eigene Pässe und auch eigene Autokennzeichen gab. Bei den Olympischen Sommerspielen 1952 in Helsinki trat das Saarland sogar mit einer eigenen Mannschaft von 36 Sportlern an. Natürlich hatte das Land auch eine Fußballnationalmannschaft. Die Saarländer spielten 1954 sogar in der Qualifikation zur Fußballweltmeisterschaft. Sie verloren gegen die Deutsche Nationalmannschaft, die dann zur WM fuhr und Weltmeister wurde.

Ab 1949 war das Saarland zwar eigenständig, aber das, womit in diesem Land schon über hundert Jahre Geld verdient wurde, verwalteten nach dem verlorenen Zweiten Weltkrieg die Franzosen: den KOHLEBERGBAU. Aus Nordrhein-Westfalen wisst ihr es ja schon: Kohle, Eisen und Stahl gehören zusammen. Aus Kohle stellt man Koks her, das so heiß verbrennt, dass man mit dieser Hitze Eisenerze schmelzen kann. So erzeugt man Roheisen und daraus dann Stahl. Viele Saarländer arbeiteten in den Bergwerken, EISEN- UND STAHLFABRIKEN. Aber wie in Nordrhein-Westfalen wird auch im Saarland immer weniger Kohle abgebaut und die Bergwerke und Stahlhütten sind bis auf wenige geschlossen. Manche Werke wurden abgerissen, andere wie die Völklinger Hütte blieben erhalten. Heute könnt ihr dort alle Maschinen besichtigen, die man früher zur Roheisenherstellung benötigte. Außerdem gibt es eine Ausstellung mit vielen Experimentierstationen zum Thema Eisen und Stahl. Hier kann man zum Beispiel beobachten, wie Eisen rostet, Wüstensand flüssig wird, oder fühlen, wie heiß es in der Nähe eines Hochofens ist.

In der Völklinger Hütte wurde früher Roheisen hergestellt.

Kohle liegt immer in Schichten im Boden. So eine Schicht wird Flöz genannt. Ein Kohleflöz zwischen Dudweiler und Neuweiler ist vermutlich im 17. Jahrhundert in Brand geraten und schwelt noch heute vor sich hin. Ungefähr hundert Jahre brannte die Kohle so stark, dass aus den Gesteinsspalten dicke Rauchsäulen aufstiegen. Bis vor einigen Jahrzehnten haben Kinder auf Schulausflügen Eier mitgenommen, um sie im heißen Qualm zu kochen. Heute sieht man nur noch sehr dünne Rauchschwaden aufsteigen, die aber immer noch so heiß sind, dass man sich daran die Hand verbrennen kann.

Kohle wird im Saarland auch unter bewohnten Ortschaften abgebaut. Obwohl die Schächte oft über tausend Meter unter der Erde liegen, bekommen die Hausbewohner den Abbau manchmal deutlich zu spüren. Durch die Kohleförderung verschieben sich unterirdisch ab und an die Gesteinsschichten, was man über der Erde als leichte Erdbeben spürt. Dabei fallen nicht nur Bilderrahmen von der Wand und Gläser aus dem Regal. Viele Häuser bekommen Risse und manche werden sogar unbewohnbar.
Im Februar 2008 gab es im Saarland das bislang schwerste vom Bergbau verursachte Erdbeben in Deutschland. In der Gegend um Saarwellingen bebte die Erde so stark, dass 100 Häuser beschädigt wurden.

Seinen Namen hat das Saarland von der Saar, dem größten Fluss, der durch dieses Bundesland fließt. Wenn ihr den Ausblick genießen wollt, den viele für den schönsten des Saarlandes halten, dann müsst ihr nach Mettlach fahren und von dort zum Aussichtspunkt Cloef wandern. Hier kann man die Stelle von oben sehen, an der die Saar eine 180°-Schleife macht und dann fast parallel in Richtung Quelle zurückfließt.

Saarschleife bei Mettlach

Als einer der saubersten Flüsse Deutschlands gilt übrigens die NIED, ein Nebenfluss der Saar. Nied und Saar haben etwas gemeinsam: Sie entspringen beide in Frankreich, bevor sie ins Saarland und damit nach Deutschland fließen. Dass FRANKREICH nah ist, merken auch die Kinder in der Schule. Viele lernen schon in der Grundschule Französisch. Obwohl das Saarland öfter zu Frankreich gehörte, ist Französisch eine Fremdsprache. Die Bevölkerung spricht deutsch.

Eine ganz andere Sprache spricht Werner Freund. Wir nennen es mal »wölfisch«. Werner Freund ist seit 30 Jahren Wolfsforscher. Um die Tiere später gefahrlos beobachten zu können, zieht er die jungen Wölfe mit der Flasche auf und lebt auch nachts mit ihnen zusammen. Dabei verhält er sich so, wie Wölfe miteinander umgehen. Er spricht also ihre Körpersprache und ahmt ihr Verhalten nach. So bindet er die jungen Wölfe an sich und kann sich, wenn die Wölfe erwachsen sind, gefahrlos im Rudel aufhalten.
Werner Freund lebt mit seinen Wölfen in Merzig. In seinem WOLFSPARK könnt ihr in den Freigehegen die arktischen, europäischen, indischen und sibirischen Wölfe beobachten und eine Menge über das Verhalten der Raubtiere erfahren.

Gollenstein

Obelix schleppt in den Geschichten immer einen Hinkelstein mit sich herum. Den GRÖSSTEN HINKELSTEIN MITTELEUROPAS muss er im Saarland vergessen haben. Bei Blieskastel steht der ungefähr 4000 Jahre alte und 6,58 Meter große Gollenstein. Warum die Menschen diese Steine vor Tausenden Jahren aufrecht hingestellt haben, weiß man nicht genau. Man vermutet, dass es religiöse Gründe gehabt haben könnte oder der Ahnen und Toten mit diesen Steinen gedacht wurde.

Zum Schluss noch eine kurze Gutenachtgeschichte aus dem Saarland, die mit einer Warnung verbunden ist: Wenn ihr einen BETTSEICHERSALAT angeboten bekommt, dann steht vor euch ein Teller mit leckerem Löwenzahnsalat. Den kann man gut essen, aber der Name sollte euch vor den Folgen warnen. »Seichen« bedeutet urinieren, pieseln oder pinkeln. »Bettseichen« bedeutet also »ins Bett machen«. Löwenzahn führt tatsächlich dazu, dass man, nachdem man ihn gegessen hat, öfter als sonst auf Toilette gehen muss. Also seid vorsichtig!

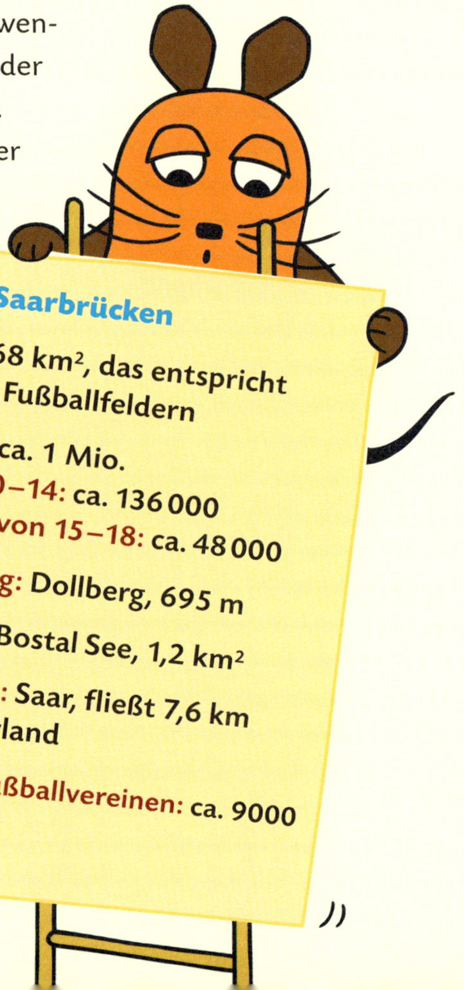

Hauptstadt: Saarbrücken

- **Größe:** 2568 km², das entspricht ca. 349 000 Fußballfeldern
- **Einwohner:** ca. 1 Mio.
  Kinder von 0–14: ca. 136 000
  Jugendliche von 15–18: ca. 48 000
- **Höchster Berg:** Dollberg, 695 m
- **Größter See:** Bostal See, 1,2 km²
- **Längster Fluss:** Saar, fließt 7,6 km durch das Saarland
- **Mitglieder in Fußballvereinen:** ca. 9000
- **Wölfe:** 21

Sachsen

Das Landeswappen von Sachsen erinnert an die früheren Herrscher in diesem Land. Es waren die Askanier, die bereits Ende des 12. Jahrhunderts ein in schwarze und goldene Streifen geteiltes Wappen hatten. Etwas später kam dann noch der grüne Rautenkranz hinzu. Man vermutet, dass sich die verschiedenen Zweige der Familie der Askanier so voneinander unterscheiden wollten.

Sachsen ist eines der neuen Bundesländer. Seit dem Ende des Zweiten Weltkrieges gehörte das Gebiet zur Deutschen Demokratischen Republik (DDR). In Leipzig, der größten Stadt des Landes, trugen die Menschen mit ihren Montagsdemonstrationen entschieden zur friedlichen Revolution bei, die die Geschichte Deutschlands veränderte: Am 4. September 1989 versammelten sich nach dem Friedensgebet in der Nikolaikirche 1000 Menschen, um für mehr Freiheit zu demonstrieren. Viele Demonstranten forderten zuerst vor allem mehr Reisefreiheit. Damals war es den Bürgern der DDR nämlich nicht erlaubt, einfach mal so ins westliche Ausland zu fahren.

Obwohl die Polizei mit Gewalt versuchte, die Demonstrationen zu verhindern, versammelten sich von diesem Tag an jeden Montag immer mehr Menschen. Am 25. September 1989 waren es schon 5000, eine Woche später 20 000, am 9. Oktober 70 000 und schließlich am 6. November über 300 000 Menschen. Mit

dem Ruf »Wir sind das Volk« forderten sie nun auch mehr Demokratie und freie Wahlen. Der Massenprotest schwappte auf andere Städte über. Es gab Demonstrationen in Dresden, Rostock und weiteren Städten. Letztlich führten auch diese Proteste zum Rücktritt des damaligen Regierungschefs Erich Honecker, zu freien Wahlen und zur Öffnung der Grenzen.

Leipzig wurde 1165 gegründet, und nur knapp 50 Jahre später entstand ein berühmter Chor, den es noch heute gibt. Der Thomanerchor besteht aus ungefähr 100 Jungen zwischen neun und 18 Jahren. Sie leben in einem Internat zusammen. Jeweils zehn bis zwölf Jungen wohnen auf einer Stube. Ein Thomaner aus der 12. Klasse ist Stubenältester und trägt die Verantwortung für die Jungen in seiner Gruppe. Für die Thomaner gibt es vor allem eins: die Musik. Sie proben, geben jede Woche drei Konzerte in der Thomaskirche und machen große Konzertreisen durch Deutschland und die Welt. Dabei singen sie viele Lieder von Johann Sebastian Bach, dem berühmtesten Leiter des Chores.

Weltweit beliebt ist auch etwas ganz anderes aus Sachsen. In Meissen werden wertvolles Geschirr und Figuren in der ältesten Porzellanfabrik Europas angefertigt. Vor 300 Jahren sollte der Alchimist Johann Friedrich Böttger im Auftrag von August dem Starken eigentlich ein Rezept finden, um Gold herzustellen. Das gelang nicht, aber dafür fand er die Mischung für weißes Hartporzellan. Etwas später entwickelte man in Meißen dann auch Farbmischungen, mit denen man das Porzellan besonders bunt bemalen konnte. Das bekannteste Muster auf Tellern, Tassen und Kannen ist das Zwiebelmuster. Es verdankt seinen Namen einem Irrtum, denn eigentlich ist auf dem Geschirr ein Granatapfel abgebildet, den aber viele für eine Zwiebel hielten.

Fährt man von Meißen zum Beispiel mit einem historischen Schaufelraddampfer auf der Elbe Richtung Süden, dann kommt man nach Dresden. Die Hauptstadt von Sachsen wurde im Zweiten Weltkrieg 1945 fast völlig zerstört. Tausende Menschen starben und auch die prunkvollen Gebäude, die Kurfürst August der Starke hier bauen ließ, lagen in Schutt und Asche. Erst nach und nach wurde die Stadt, die früher wegen ihrer Pracht auch »Elbflorenz« genannt wurde, wieder aufgebaut. Wenn ihr heute in die Frauenkirche geht oder den Zwinger anseht, dann könnt ihr euch vielleicht vorstellen, wie üppig Kurfürst August der Starke im 17. Jahrhundert lebte. Den Zwinger hatte er zum Beispiel nicht als Wohnhaus bauen lassen. Das große, reich verzierte Gebäude war für rauschende Feste gedacht und wurde mit der Hochzeit seines Sohnes eingeweiht. Weil August der Starke gern feierte und sein Geld für allerlei Luxus ausgab, war er oft knapp bei Kasse. Das war übrigens auch der Grund, warum der Kurfürst Johann Friedrich Böttger festhielt. Er hoffte, dieser könne das Rezept für die Goldherstellung finden, um die ständig leeren Kassen aufzufüllen.

Was man nicht sieht oder vermutet: Beim Bau der Frauenkirche brauchte man tierische Unterstützung. Weil Esel beim Bau der Türme die schweren Steine über Rampen nach oben getragen haben, bekamen die Türme den Spitznamen »Eseltürme«. Als die im Krieg zerstörte Kirche wiederaufgebaut wurde, benötigte man die Hilfe von Hühnern. Mit ihren Eiern rührte man die Farben zur Bemalung der Innenkuppel an. Insgesamt wurden dafür ungefähr 1000 Eier aufgeschlagen.

Von Dresden ist es nur ein Katzensprung nach Radebeul. Dort lebte der Schriftsteller Karl May, der Erfinder von Winnetou und Old Shatterhand. In seinen Büchern beschreibt er den Wes-

ten Nordamerikas und das Leben der Indianer so genau, dass man glaubt, er wäre selbst Old Shatterhand und hätte die Abenteuer wirklich erlebt. In Wahrheit ist er allerdings nie in Amerika gewesen. Er lebte in Radebeul in seiner »Villa Shatterhand«, die heute ein Karl-May-Museum ist.

Trabant

Von Dresden nach Zwickau geht's nicht mehr mit dem Schiff weiter. Wer stilgerecht in der alten Autobauerstadt einfahren will, sollte einen TRABANT nehmen. Die zu DDR-Zeiten heiß begehrten Autos wurden in Zwickau von 1957 bis 1991 gebaut. Wer damals einen Trabi haben wollte, musste nach der Bestellung oft mehrere Jahre auf die Lieferung warten. Während die meisten Autos aus Metall sind, bestand der Trabi aus Kunststoff. Gewalztes Blech war in der DDR nämlich knapp und deshalb mussten sich die Autobauer eine günstige Alternative ausdenken. Sie entwickelten Duroplast, eine Kunststoffmischung. Die hatte den Vorteil, nicht zu rosten, splitterte aber auch bei Unfällen. Seiner Kunststoffhülle verdankt der Trabi Spitznamen wie »Duroplastbomber« oder auch »Rennpappe«.

Südlich von Dresden liegt das ELBSANDSTEINGEBIRGE. Hier ragen einzelne Felsen eigentümlich in die Höhe. Manche von ihnen sehen wie Zinnen einer Burg aus, andere ähneln Nadeln oder riesigen Zähnen. Heute ist das Gebirge ein Paradies für Bergsteiger und Wanderer. Vor 80 Millionen Jahren lag dieses Gebirge noch als eine 600 Meter hohe Platte unter Wasser. Als sich das Meer zurückzog, gruben sich Flüsse in den Berg ein und spülten Teile des Sandsteins weg. Dadurch entstanden die Täler. Einzelne Sandsteinspitzen blieben stehen und bilden heute die gezackte Gebirgslandschaft.

Von der Elbe reisen wir zum Schluss noch ganz in den Osten Sachsens. Hier, kurz vor der Grenze nach Polen, kommt man durch ein Gebiet, in dem ungefähr 40 000 SORBEN leben. Das kleine slawische Volk ist euch ja schon in BRANDENBURG begegnet. Das Osterfest wird bei den Sorben besonders schön gefeiert.

Eine sorbische Osterprozession in Ralbitz

Am Ostersonntag reiten die Männer in Frack und Zylinder auf geschmückten Pferden in einer großen Prozession von ihrer Kirche zur Nachbarpfarrei. Dabei singen sie Kirchenlieder und sprechen Gebete.
Wenn ihr also um diese Zeit in Sachsen seid, lohnt es sich, diesen feierlichen Umzug, an dem insgesamt 1000 Männer teilnehmen, anzusehen.

Hauptstadt: Dresden

- **Größe:** 18 418 km², das entspricht ca. 2,5 Mio. Fußballfeldern
- **Einwohner:** ca. 4,2 Mio.
  Kinder von 0–14: ca. 437 000
  Jugendliche von 15–18: ca. 184 000
- **Höchster Berg:** Fichtelberg, 1215 m
- **Größter See:** Bärwalder See, 13 km²
- **Längster Fluss:** Elbe, fließt 180 km durch Sachsen
- **Pferde:** 13 514
- **Thomaner:** ca. 100

Sachsen-Anhalt

Als wir uns mit dem Wappen des Landes Sachsen-Anhalt befasst haben, gefiel uns der mutig balancierende BÄR besonders gut. Frei lebende Bären gibt es in Sachsen-Anhalt nicht, aber hier stehen noch viele alte Burg- und Stadtmauern, über deren Zinnen so ein Bär balancieren könnte.

In Sachsen-Anhalt gibt es so viele alte BURGEN, SCHLÖSSER und KIRCHEN, weil diese Gegend im MITTELALTER das Zentrum Deutschlands war. Hier wurde reger Handel getrieben und Geld verdient. Weil genug Geld vorhanden war, konnten auch schöne Häuser gebaut werden. HEINRICH I., der erste deutsche König, lebte hier und auch er ließ zur Sicherung seines Gebietes viele Burgen bauen. Ihre Überreste kann man noch heute besichtigen.

Am liebsten verbrachte Heinrich I. seine Zeit in der Stadt QUEDLINBURG. Dort, wo heute die große STIFTSKIRCHE steht, war vermutlich früher die Kapelle seiner Königspfalz, also sein Herrschersitz. Hier wollte er nach seinem Tod beerdigt werden. Seine Witwe erfüllte den Wunsch und ließ auch gleich noch eine Kirche um seine Grabstätte bauen. Anstelle dieser Kirche steht heute die Stiftskirche. Hier lagert EINER DER WERTVOLLSTEN KIRCHENSCHÄTZE des Mittelalters. Könige und Kaiser spendeten der Kirche im 10. Jahrhundert Kostbarkeiten aus Gold und Elfenbein. An solch wertvollen Kirchenschätzen kann man ablesen, wie wichtig diese Kirche früher gewesen sein muss. Unter den Gaben befindet sich auch ein Prunkkamm Heinrichs I. Wir mussten in der Kirche nachfragen, um herauszufinden, was das genau ist. Der Prunkkamm ist ein Kamm, der aus geschnitztem Elfenbein mit Goldverzierungen besteht. Im Alltag wurde so ein wertvoller Kamm nicht verwendet. Aber zu besonderen Anlässen wurde das gute Stück hervorgeholt. Man kann sich also vorstellen, dass vor einer Königskrönung die Haare mit einem Prunkkamm geglättet wurden.

Wenn man durch Quedlinburg geht, kann man erahnen, wie eine Stadt vor mehreren hundert Jahren aussah. Hier stehen insgesamt 1300 Fachwerkhäuser aus sechs Jahrhunderten. Das älteste Haus wurde bereits 1350 gebaut. Früher standen die Häuser dicht an dicht und dazwischen lagen kleine, verwinkelte Gassen mit holprigem Kopfsteinpflaster. In Quedlinburg findet man all das schön renoviert, aber sonst fast unverändert vor.

Wer es nicht schön romantisch, sondern eher düster und gruselig liebt, der sollte in der Nacht zum ersten Mai, der Walpurgisnacht, an einen ganz anderen Ort Sachsen-Anhalts fahren. Auf dem höchsten Berg im Harz, dem Brocken, treffen sich in dieser Nacht die Hexen zum Tanz. Der Sage nach kommen sie auf Besen, Mistgabeln oder Schweinen angeflogen. Von den Dämpfen der Hexensalbe berauscht, tanzen sie um das lodernde Feuer und verbinden sich mit dem Teufel. Er verleiht ihnen die Fähigkeit zu zaubern. Ehrlich gesagt, ganz so wild geht es in Wirklichkeit nicht zu. Die Hexen und Teufel heißen im normalen Leben Lea oder Jan und sind auch nur verkleidet. Zum Brocken kommen sie, um eine große Party zu feiern.

Der Harz ist ein Gebirge. Er hat seinen Namen von »Hart«, was »Wald« bedeutet. In diesem Wald wurde vor 200 Jahren der letzte Luchs von Jägern geschossen. Die Wildkatzen waren

Luchs im Harz

seitdem im Harz ausgerottet. Aber 1999 begann man damit, in diesem Wald Luchse auszuwildern. Auswildern bedeutet, dass LUCHSE, die vorher in Tierparks in Gefangenschaft lebten, wieder an ein Leben in Freiheit gewöhnt werden. Sie müssen zum Beispiel lernen, ihre Beute selbst zu fangen. Jedes Jahr werden drei bis fünf Luchse in die Freiheit entlassen. Wenn ihr durch den Harz spaziert, müsst ihr aber deshalb keine Angst haben. Diese Raubkatzen sind so scheu, dass man sie nicht einmal findet, wenn man lange nach ihnen sucht.

Während man im Harz viel intakte Natur sehen kann, kämpfen andere Teile des Bundeslandes mit den Rückständen alter Fabriken. In Bitterfeld gab es im letzten Jahrhundert große CHEMIEWERKE. Sie stellten Farben, Kunststoffe und Insektenvernichtungsmittel her. Die Abfälle der Fabriken wurden einfach ungereinigt in alte Braunkohlegruben geschüttet. Die Schadstoffe sickerten in den Boden und vergifteten das Grundwasser unter der Stadt. Vor Jahren begann man damit, etwas gegen die Umweltverschmutzung zu tun. Viele alte Fabriken wurden abgerissen und die verseuchten Böden ausgebaggert und auf Abfalldeponien gebracht. Das größte Problem ist aber, dass das verseuchte Grundwasser in Flüsse und Seen fließt und diese auch verschmutzt. Deshalb hat man Brunnen gebaut. Hieraus wird das verseuchte Grundwasser hochgepumpt und dann in Kläranlagen gereinigt. Vermutlich wird es noch 50 bis 70 Jahre dauern, bis die Rückstände der alten Chemiewerke endgültig beseitigt sind.

Während Bitterfeld und andere Orte wie Buna und Leuna, in denen früher alte Chemiefabriken standen, mühsam ihre Böden wieder instand setzen, ist die MAGDEBURGER BÖRDE mit bestem Ackerland verwöhnt. Das verrät schon ihr Name: »Börde« kommt

vom althochdeutschen »beran«, was »ertragreich sein« bedeutet. In der Magdeburger Börde pflanzen Bauern schon lange Weizen und Zuckerrüben an. Der aus den Rüben gewonnene Zucker war im 19. Jahrhundert so wertvoll, dass viele Großbauern dadurch reich wurden. Das Volk nannte sie »Zuckerbarone«. Ihre prächtigen Wohnhäuser, die »Rübenpaläste«, kann man heute noch sehen.

Bleiben wir noch ein wenig bei den süßen Leckereien: Der Ort Salzwedel ist für seine **Baumkuchen** bekannt. In der ältesten Baumkuchen-Bäckerei des Ortes wird diese Spezialität schon seit 1807 gebacken. Schneidet man Baumkuchen an, sieht man ganz viele Ringe – wie die Jahresringe bei einem Baum. Sie entstehen beim Backen. Der Teig wird nämlich in Schichten auf eine sich über dem Feuer drehende Walze aufgetragen und so Schicht für Schicht gebacken. Baumkuchenfans gibt es in der ganzen Welt. In Japan ist der Baumkuchen sogar noch beliebter als in Deutschland. Dort hat er seinen deutschen Namen behalten und wird trotz seines recht hohen Preises oft gekauft.

Weiter mit einem Mann, der die Geschichte der christlichen Kirche nachhaltig beeinflusste. **Martin Luther** wurde 1483 in Eisleben geboren und war Theologieprofessor, das heißt, er lehrte Religionswissenschaften. Damals gab es nur die katholische Kirche. Auch die brauchte Geld, zum Beispiel für den Bau des Petersdoms in Rom. Um die Gläubigen zu Geldspenden zu bewegen, erklärten die Kirchenmänner, dass nur dem seine Sünden erlassen würden, der Geld spendet. Man nannte das »Ablasshandel«. Martin Luther ärgerte sich über diese Art der Geschäftemacherei. Er war so entrüstet, dass er 95 Thesen, also Gründe, die gegen diesen Ablasshandel sprachen, aufschrieb. Angeblich soll er sie 1517 an das Hauptportal der Schlosskirche in Wittenberg angeschlagen haben. Das Portal war damals so etwas wie ein Schwarzes Brett.

Ob das aber wirklich so passiert ist, weiß man nicht genau. Die 95 Thesen hat er aber ganz sicher niedergeschrieben. Sie erregten viel Aufsehen und führten letztlich zur Spaltung der Kirche. Deshalb gibt es heute zwei große christliche Kirchen – die katholische und die evangelische.

Auf ganz andere Weise hat man sich vor 3600 Jahren, in der Bronzezeit, mit dem Himmel beschäftigt. Die weltweit älteste Darstellung findet man auf der HIMMELSSCHEIBE VON NEBRA. Sie wurde erst 1999 in Sachsen-Anhalt gefunden. Auf einer runden Bronzeplatte sind Vollmond oder Sonne (das vermutet man zumindest), Sichelmond und Sterne in Gold eingelassen. Sieben der Sterne zählen zu den Plejaden, einer Ansammlung von Sternen, die man am Himmel sehen kann. Sie gehören zum Sternbild des Stiers. Es kann sein, dass die Scheibe vor 3600 Jahren als Kalender benutzt wurde und mit ihrer Hilfe genau bestimmt werden konnte, welcher Tag des Sommers gerade war. Wenn ihr die Himmelsscheibe ansehen wollt, dann solltet ihr nach Halle fahren. Dort ist sie im Landesmuseum ausgestellt.

Hauptstadt: Magdeburg

- **Größe: 20 447 km², das entspricht ca. 2,8 Mio. Fußballfeldern**
- **Einwohner: ca. 2,4 Mio.**
  Kinder von 0–14: ca. 244 000
  Jugendliche von 15–18: ca. 113 000
- **Höchster Berg: Brocken, 1141 m**
- **Größter See: Arendsee, 5,1 km²**
- **Längster Fluss: Elbe, fließt 302 km durch Sachsen-Anhalt**
- **Mitglieder in Fußballvereinen: ca. 93 000**
- **Hexen: unzählige in der Walpurgisnacht auf dem Brocken**

Schleswig-Holstein

Wie bei SACHSEN-ANHALT gilt auch für Schleswig-Holstein: Der Doppelname beim Bundesland ergibt ein zweigeteiltes Wappen. Die beiden LÖWEN stehen für SCHLESWIG und das GEZACKTE WEISSE BLATT für HOLSTEIN. Es soll das Blatt einer Brennnessel darstellen. Wir wären nicht darauf gekommen, aber wer es weiß, kann es sich mit etwas Fantasie vorstellen. Wenn man nachforscht, woher die beiden Löwen für Schleswig kommen, dann findet man heraus, dass Schleswig in seiner Geschichte nicht immer zu Deutschland gehört hat. Sieht man sich dann noch das Wappen von Dänemark an, dem nördlichen Nachbarland, stellt man fest, dass dieses drei Löwen zeigt. Und tatsächlich gehörte SCHLESWIG zeitweilig zu DÄNEMARK. Als Zeichen dafür, dass Schleswig nur ein Teil Dänemarks war, verminderte man aber die Anzahl der Löwen von drei auf zwei. Und dabei ist es auch geblieben.

Schleswig-Holstein ist das NÖRDLICHSTE BUNDESLAND DEUTSCHLANDS. Man nennt es auch das Land zwischen den Meeren, denn als einziges Bundesland liegt es an Nord- und Ostsee. Die NORDSEE im Westen ist oft wild und stürmisch, weswegen die Küste an vielen Stellen mit Deichen vor den Fluten geschützt ist. Die OSTSEE dagegen ist ruhiger und hat breite Sandstrände. An beiden Küsten machen jedes Jahr viele tausend Menschen Urlaub.

Damit Schiffe problemlos zwischen den beiden Meeren hin- und herfahren können und nicht 250 Seemeilen Umweg über die Nordspitze Dänemarks in Kauf nehmen müssen, wurde der → NORD-OSTSEE-KANAL gebaut. Mit jährlich 42 500 Schiffen ist es die meistbefahrendste Wasserstraße der Welt.

Schwebefähre in Rendsburg

Da der Kanal Schleswig-Holstein einmal quer durchschneidet, mussten Wege gefunden werden, damit Fußgänger, Radfahrer, Autos und Eisenbahnen jeweils auf die andere Seite gelangen können. Normalerweise wird so etwas mit Brücken oder Fähren gelöst, aber in Rendsburg gibt es eine ganz besondere Attraktion: Hier schwebt man in einer Fähre über den Kanal. Unter einer Eisenbahnbrücke wurde eine Fähre an Stahlseilen aufgehängt. Vier Autos und 60 Fußgänger können so gleichzeitig vom einen zum anderen Ufer durch die Luft schweben.

An den Enden des Nord-Ostsee-Kanals, also am Übergang zum Meer, sind Schleusen angebracht. Die sind nötig, um die unterschiedlichen Wasserstände auszugleichen, die zum Beispiel durch Ebbe und Flut in Nord- und Ostsee entstehen. Im Osten endet der Kanal bei KIEL. In der Landeshauptstadt angekommen, bleiben wir erst einmal auf dem Wasser. Einmal im Jahr findet hier die Kieler Woche, die größte SEGELREGATTA der Welt statt. 5000 Segler starten in verschiedenen Rennen und daneben gibt es noch ein riesiges Volksfest. Beeindruckend ist die »Windjammerparade«. Ein Windjammer ist kein Jammerlappen, der ständig heult und darum auch noch viel Wind macht, sondern ein großes Segelschiff. Windjammer kommt vom englischen »to jam the wind«, was so viel bedeutet wie »den Wind drücken«. Es sind also Segelschiffe, die vor dem Wind fahren. Oft wird diese Parade von der Gorch Fock, dem großen Segelschulschiff der deutschen Marine, angeführt.

Windjammerparade bei der Kieler Woche

In Kiel können wir auch gleich einen Irrtum aufklären: Die Kieler Sprotten, kleine, silberne, über Buchenholz geräucherte Fische, kommen gar nicht aus Kiel, sondern aus Eckernförde. Weil sie aber früher auf dem Transport in Kiel am Bahnhof umgeladen wurden und dort ein Versandstempel auf die Kisten kam, erhielten sie ihren irritierenden Namen. Die Kieler Sprotten waren vor hundert Jahren so beliebt, dass einige Fischer dadurch reich wurden. Deshalb sagte man damals auch doppeldeutig: »In Eckernförde wissen sie, wie man aus Silber Gold macht.« Beim Räuchern veränderten die silbernen Fische nicht nur ihre Farbe und wurden gold glänzend, sondern taten gleichzeitig auch etwas für den Geldbeutel des Fischers.

Wir bleiben noch etwas an der Ostseeküste. Weiter im Süden liegt Lübeck. Vielen fällt dazu das Lübecker Marzipan ein. Aber wieder einmal täuscht der Name: So wie die Sprotten nicht aus Kiel kommen, wurde auch das Marzipan nicht in Lübeck erfunden. Es kommt aus dem Vorderen Orient, also dem arabischen Raum. Hier wuchsen Mandelbäume und auch Zuckerrohr wurde dort bereits vor tausend Jahren angebaut. Die Kalifen, also die Herrscher, ließen sich die Süßigkeit schmecken. Erst fünfhundert Jahre später erreichte das Marzipan auch das Gebiet des heutigen Deutschland. Weil beide Zutaten fast unerschwinglich teuer waren, wurde es nur auf Fürstenhöfen als Luxusnachtisch serviert. Die Angestellten kauften das Marzipan damals noch in der Apotheke, denn dort wurde es ursprünglich als Heilmittel hergestellt. Kranke bekamen die nahrhafte Mischung aus Mandeln und Zucker, um wieder zu Kräften zu kommen. Für die Kranken wurden auch zerstoßene Edelsteine, Perlen oder Heilkräuter in das Marzipan geknetet. Aus heutiger Sicht muss man sagen, dass vermutlich nicht alle Zutaten heilsam waren.

Wer noch nie in Lübeck war, hat vermutlich dennoch manchmal Kontakt mit seinem Wahrzeichen, dem Holstentor. Kramt mal in eurem Portemonnaie und sucht die Zweieuromünzen heraus. Wenn ihr Glück habt, findet ihr das Holstentor, denn auf einigen der deutschen Münzen ist es hinten abgebildet. Es ist das mittel-

alterliche Stadttor Lübecks und diente der Verteidigung und Sicherung der Stadt. Lübeck war im Mittelalter nämlich eine der wichtigsten Handelsstädte und das Zentrum der HANSE (die ihr ja schon im Kapitel zu HAMBURG kennengelernt habt). Weil das Tor auf sumpfigem Untergrund gebaut wurde, hat es sich in den Jahren auf der einen Seite etwas abgesenkt und steht deshalb leicht schief.

Von der Ostküste wechseln wir zur Westküste des Bundeslandes. Vor der Küste liegen eine Reihe von Inseln, wie zum Beispiel SYLT, AMRUM und FÖHR. Auch Helgoland gehört dazu und ist gleichzeitig etwas anders: Sie ist nämlich die einzige Hochseeinsel Deutschlands. Diesen Namen trägt HELGOLAND, weil es 70 Kilometer vom Festland entfernt »auf hoher See« liegt. Die Insel mit den bekannten roten Felsen hat neben Seehunden und Kegelrobben, denen man an manchen Tagen am Strand begegnet, noch eine Besonderheit: den Lummensprung. Trottellummen sind Vögel, die zwar gut schwimmen, aber nur schlecht fliegen können. Sie haben nicht nur einen witzigen Namen, sondern ihre Jungen auch eine ungewöhnliche Art, den Nistplatz zu verlassen: Eine Trottellumme legt ihr Ei auf die Klippen eines Felsens an der Nordwestspitze Helgolands in Höhen bis zu 40 Metern. Wenn das Küken drei Wochen alt ist, macht es nicht wie andere Vögel erste Flugversuche, sondern stürzt sich vom Felsen in die Tiefe. Fast alle überleben den Sprung ins Wasser unverletzt. Das liegt daran, dass die Rippen der Vögel extrem v-förmig sind und der Körper den Aufprall dadurch gut abfangen kann. Auch ihre Federn dämpfen den Schlag. Es wird außerdem vermutet, dass die Vögel vor dem Sprung ihren Luftsack einmal gut aufblasen und dann, wie von einem Airbag geschützt, landen. Den LUMMENSPRUNG kann man jedes Jahr in den letzten Juniwochen beobachten.

An der Westküste Schleswig-Holsteins weht ein kräftiger Wind, den man früher nutzte, um WINDMÜHLEN anzutreiben. 100 dieser schönen alten Mühlen, in denen Korn zu Mehl gemahlen wurde, stehen noch. Die meisten sind allerdings außer Betrieb, denn das Korn wird heute mit elektrischer Energie in großen Fabriken gemahlen. Diese elektrische Energie gewinnt man in Schleswig-Holstein auch durch den Wind. In WINDPARKS stehen große Windräder, deren Flügel vom Wind in Bewegung gesetzt werden. Die Drehung der Flügel treibt im Inneren des Windrades einen Generator an, der elektrische Energie, also Strom, erzeugt. So gesehen wird zumindest ein Teil des Korns immer noch mithilfe des Windes zu Mehl gemahlen.

Hauptstadt: Kiel

- **Größe: 15 799 km², das entspricht ca. 2,1 Mio. Fußballfeldern**
- **Einwohner: ca. 2,9 Mio.**
  Kinder von 0–14: ca. 420 000
  Jugendliche von 15–18: ca. 98 000
- **Höchster Berg: Bungsberg, 168 m**
- **Größter See: Plöner See, 29 km²**
- **Längster Fluss: Eider, fließt 180 km durch Schleswig-Holstein**
- **Mitglieder in Fußballvereinen: ca. 136 000**
- **Trottellummen: ca. 6000**

Thüringen

Wenn ihr das Kapitel über Hessen gelesen habt, dann ist euch der GESTREIFTE LÖWE schon bestens bekannt. Er war das Wappentier der Landgrafen von Thüringen. Die ACHT STERNE um den Löwen herum sind keine hübsche Dekoration, sondern stehen für die acht Fürsten- und Herzogtümer, aus denen Thüringen im Mittelalter bestand.

Thüringen ist aber schon viel länger bewohnt, mindestens seit 400 000 Jahren. So alt sind nämlich Teile der Skelette des STEINZEITMENSCHEN »HOMO ERECTUS«, die man bei Bilzingsleben gefunden hat. Die Steinzeitmenschen wohnten hier in festen Zelten in einer Art Siedlung. Sie ernährten sich nicht nur von gesammelten Pflanzen. Aus Knochen, die man fand, kann man schließen, dass der homo erectus aus Bilzingsleben auch Großwild jagte. Er muss sogar ein ziemlich guter Jäger gewesen sein, denn Elefant, Nashorn, Wildrind, Wildpferd und Bären waren gefährliche Gegner.

Da geht es heute schon viel friedlicher zu, wenn man durch das »GRÜNE HERZ DEUTSCHLANDS« spaziert. Den Beinamen hat das Bundesland übrigens von einem Reiseschriftsteller, der vor mehr als 150 Jahren durch Thüringen spazierte, und auch heute wirbt man noch gerne mit diesem Spruch. Wir haben deshalb mal recherchiert, ob Thüringen tatsächlich rekordverdächtig viel

Waldfläche hat. Nach einer Stunde Rechnen und Vergleichen, mussten wir feststellen, dass es dann doch nur für einen mittleren Platz reicht, nämlich Platz sieben von 16 Bundesländern.

Wenn Thüringens Grün auch nicht gerade rekordverdächtig ist, so gibt es im Buchenwald in Haineich doch etwas ganz Besonderes: Dort kann man über einen Pfad spazieren, der durch die Baumkronen führt. Dieser Buchenwald ist ein richtiger Urwald mitten in Deutschland. Urwald bedeutet, dass der Mensch hier nicht in das Leben eingreift und alles so wachsen lässt, wie die Natur es möchte. Beim Spaziergang auf dem 300 Meter langen Pfad durch die Baumkronen hat man einen völlig neuen Blick auf den Wald und trifft mit etwas Glück Waldbewohner wie Fledermäuse und Spechte, die man vom Waldboden aus nicht sehen könnte.

Da wir gerade ganz neue Entdeckungen in der Natur machen, hier noch ein Tipp für alle Schatzsucher: Packt eure Goldwaschschüsseln ein und fahrt in den Süden von Thüringen. In den Bächen bei Schwarza und Katzhütte findet man mit etwas Glück echtes Gold. Meist bleiben in den Sieben der Hobbygoldwäscher nur kleine Goldkrümel hängen, aber 2004 hatte ein Rentner großes Glück: Bei einem Spaziergang fand er ein 9,64 Gramm schweres Stück Gold, das ungefähr die Größe einer Eincentmünze hat. Das war seit 200 Jahren der größte Goldfund in Deutschland.

Viele Orte in Thüringen sind geschichtlich bedeutsam. Einer von ihnen ist die Wartburg bei Eisenach. Luther, den ihr ja schon aus dem Kapitel über Sachsen-Anhalt kennt, wurde, nachdem er seine 95 Thesen öffentlich gemacht hatte, vom Papst mit einem Bann belegt, und der Kaiser ächtete ihn. Sein Leben war in Gefahr, und um ihn vor seinen Verfolgern zu retten, wurde er auf der

Wartburg in Schutzhaft genommen. Hier lebte er getarnt als »Junker Jörg« und übersetzte in nur elf Wochen das Neue Testament aus dem Griechischen und Lateinischen ins Deutsche. Er bemühte sich dabei, die Bibel so zu übersetzen, dass auch das einfache Volk sie verstehen konnte.

Wartburg bei Eisenach

Wie die Wartburg stammt auch die einzige mit Wohnhäusern bebaute Brücke Deutschlands aus dem Mittelalter. Es ist die KRÄMERBRÜCKE IN ERFURT. Ihren Namen hat sie von den Händlern, die früher ihre Verkaufsbuden auf der Brücke hatten. Ursprünglich war die heutige Steinbrücke aus Holz gebaut. Sie wurde aber immer wieder von Bränden zerstört. Beim Wiederaufbau nach dem großen Stadtbrand 1472 wurden statt der Verkaufsbuden richtige Wohnhäuser für die Krämer auf die Brücke gebaut. Aber nicht nur die Wohnhäuser waren etwas Besonderes, auch die Brückenpfeiler hatten es in sich: Weil die Krämer sichere Abstellräume für ihre Waren benötigten, wurden zwischen den Pfeilern dicht über dem Wasser Hängeböden eingezogen. Da hatte dann jeder Krämer seine eigene Vorratskammer.

Pfiffige neue Ideen für den Bau von Gebäuden, Möbeln und vielen Alltagsgegenständen entwickelten seit 1919 auch die Lehrer und Schüler des in Weimar gegründeten BAUHAUSES. Gründer war der Architekt Walter Gropius. Ein typisches Bauhaus-Haus sah aus wie das »Haus Am Horn«. Sie waren gradlinig, klar, ohne große Schnörkel und Verzierungen. Was damals von vielen Menschen als karg und kalt empfunden wurde, gilt heute als Beginn der modernen Architektur.

Musterhaus »Am Horn«

Viele Bauhauskünstler haben aus einfachen Grundformen wie Kreis und Quadrat spannende Bilder gemalt oder auch Gegenstände wie zum Beispiel Teekannen hergestellt.

Zum Schluss wenden wir uns noch zwei Männern zu, die beide vor ungefähr 150 Jahren in Thüringen wichtige Dinge entwickelten. Der Erste ist ziemlich bekannt: Es ist CARL ZEISS. Am Anfang fertigte er in seiner Werkstatt in Jena vor allem Lupen und Brillen an, aber schon bald begann er mit dem Bau der ersten einfachen MIKROSKOPE. Sie verkauften sich gut und der Betrieb wuchs. Um noch bessere Mikroskope zu bauen, arbeitete Zeiss mit dem PHYSIKER ERNST ABBE zusammen. Der berechnete die Objektive neu und verbesserte so die Qualität der Mikroskope. Immer mehr Mikroskope wurden verkauft, sodass aus dem kleinen Einmannbetrieb schließlich einer der größten optischen Betriebe der Welt wurde.

Etwas ganz anderes erfand der Legende nach ein Glasbläser in Lauscha. Es war die CHRISTBAUMKUGEL. Zuerst soll der Handwerker die Glaskugeln nur als Schmuck für seinen eigenen Christbaum geblasen haben, da er kein Geld für teure Äpfel und Nüsse hatte. Anderen Glasbläsern sollen die Kugeln aber so gut gefallen haben, dass sie ebenfalls mit der Herstellung des Schmucks begannen. Schon dreißig Jahre später bestellte der amerikanische Kaufmann Woolworth große Mengen und kurbelte das Geschäft kräftig an. Heute leben viele Glasbläsereien in Lauscha von der Herstellung des gläsernen Christbaumschmucks.

Zum Schluss noch ein Rekord aus Thüringen: Das Bundesland kann die HÖCHSTE POSTLEITZAHL für sich verbuchen: Es ist die 99998 und sie gehört zu den Orten Körner und Weinbergen.

Hauptstadt: Erfurt

- **Größe:** 16 172 km², das entspricht ca. 2,2 Mio. Fußballfeldern
- **Einwohner:** ca. 2,3 Mio.
  Kinder von 0–14: ca. 237 000
  Jugendliche von 15–18: ca. 74 000
- **Höchster Berg:** Großer Beerberg, 983 m
- **Größter See:** Breitunger Seen, 0,27 km²
- **Längster Fluss:** Saale, fließt 196,3 km durch Thüringen
- **Mitglieder in Fußballvereinen:** ca. 96 000
- **Christbaumkugeln pro Jahr:** ca. 74 Mio.

Kinderfragen und mausschlaue Antworten rund um

FRAG doch mal...

Wer baute die ersten Wasserleitungen in Deutschland?

Noch im Mittelalter wurden in den meisten deutschen Städten die Abfälle aus dem Fenster auf die Straße geschüttet und das Wasser musste aus dem Fluss oder den Brunnen herangeschleppt werden. Wenn man sich das überlegt, dann kann man sich kaum vorstellen, dass es hier schon viel früher einmal funktionierende Wasserleitungen gegeben hat.

Bereits vor 2000 Jahren gab es in Europa Spezialisten auf dem Gebiet der Wasserversorgung. Sie kamen aus dem Süden, und wer jetzt an die **RÖMER** denkt, liegt genau richtig. Sie bauten lange Leitungen, um das Wasser von der Quelle in die Städte zu befördern. Es wurde teilweise unterirdisch durch Rohre geleitet oder floss in Kanälen über der Erde. Für den Fall, dass ein Tal oder ein Fluss überwunden werden musste, haben sich die Römer etwas ganz Besonderes überlegt: **AQUÄDUKTE**. »Aqua« bedeutet »Wasser« und »ductus« heißt »Leitung«. Aquädukte sind Wasserleitungen, die über Steinbrücken geführt wurden. Mit ihnen konnte man das wertvolle Wasser selbst über ein schwieriges Gelände weiterleiten.

Römisches Aquädukt

Nun kamen die Römer nicht als freundliche Arbeiter in das Gebiet des heutigen Deutschland, um den dort lebenden Menschen Nachhilfestunden im Bau von Wasserleitungen zu geben. Die Römer wollten ihr

Reich vergrößern und eroberten unter Caesar in den Jahren 58–51 vor Christi Geburt GALLIEN. Dazu gehörten neben dem heutigen Frankreich, Belgien und der Schweiz auch Teile des heutigen Deutschland. Die Gebiete westlich des Rheins waren damals fest in römischer Hand.

In den Siedlungen, die die Römer errichteten, herrschte auch römischer Lebensstandard. Das bedeutet, es gab Theater, öffentliche Bäder und eben auch fließendes Wasser. Dafür nahmen die Römer einige Mühen in Kauf. Um zum Beispiel das heutige Köln, damals »Colonia Claudia Ara Agrippinensium«, mit Wasser zu versorgen, wurde eine der LÄNGSTEN WASSERLEITUNGEN des römischen Reiches gebaut. Sie war 95 Kilometer lang – um diese Strecke zurückzulegen, müsstet ihr 237,5 Runden auf der Laufbahn in einem Leichtathletikstadion drehen. Mit dem Wasser wurden die Badeanstalten, die Brunnen der Stadt und auch einige Häuser direkt versorgt. Wer es sich leisten konnte, ließ sich die Wasserleitung nämlich direkt bis ins Haus legen. Damals war das, was heute für uns normal ist, ein großer Luxus.

Auf der anderen, der rechten Seite des Rheins lebten verschiedene GERMANISCHE STÄMME. Von den Römern wurden sie als wild und kampflustig beschrieben und abwertend als »Barbaren« bezeichnet. Das bedeutet, die Römer hielten die Germanen für ein ungebildetes Volk. Im Verlauf der Jahre gab es immer wieder Krieg zwischen Römern und Germanen. Die Germanen überfielen römische Siedlungen, und umgekehrt versuchten die Römer, ihre Gebiete auf der rechten Seite des Rheins, also Richtung Osten, zu erweitern. Damit waren sie anfangs auch erfolgreich. Sie besiegten nach und nach die stärksten germanischen Stämme und weiteten ihr Herrschaftsgebiet in Richtung Elbe aus.

Im Jahr 7 nach Christi Geburt wurde VARUS Statthalter der gallischen Provinzen. Er hatte den Auftrag, bei den Germanen Steuern einzutreiben und sie wie Untertanen Roms zu behandeln. Das gefiel den Germanen natürlich gar nicht. ARMINIUS, der Führer des Stammes der (germanischen) Cherusker, schaffte es, wichtige germanische Stämme dazu zu bringen, gemeinsam gegen Varus vorzugehen. 9 nach Christus kam es zu einer blutigen Schlacht, bei der innerhalb von drei Tagen 20 000 Römer starben. Varus war geschlagen und tötete sich selbst. Die Varusschlacht beendete die Herrschaft der Römer rechts des Rheins. Sie zogen sich auf die linke Uferseite zurück und begannen, einen Schutzwall, den Limes, zur Sicherung ihres Gebietes zu errichten. Mehr zum Thema Limes findet ihr im Kapitel über HESSEN.

Es folgten ruhigere Jahre in Gallien, aber dann, etwas mehr als 200 Jahre später, überfielen die Germanen im römischen Gallien immer wieder einzelne Siedlungen. 275 drangen sie ins heutige Köln ein und zerstörten dabei unter anderem die Wasserleitung der Römer. So kam es, dass Städte wie Köln, die vor 2000 Jahren schon funktionierende Wasserleitungen hatten, dann wieder Jahrhunderte ohne fließend Wasser verbringen mussten.

Warum gibt es in Deutschland keine Könige mehr?

Um genau zu sein, müsste die Frage eigentlich lauten: »Warum gibt es in Deutschland keine Kaiser mehr?« Denn das Deutsche Reich wurde bis 1918 nicht von Königen, sondern von **KAISERN** regiert. Geschichtlich betrachtet ist es also noch gar nicht so lange her, dass in Deutschland Kaiser das Sagen hatten.

Um herauszufinden, was dagegen spricht, dass Kaiser, Könige oder Fürsten regieren, stellt ihr euch am besten mal vor, dass eure Schulklasse ein Kaiserreich wäre: Einer von euch ist der Kaiser. Dazu wird er aber nicht wie ein Klassensprecher gewählt, sondern das ist er **von Geburt** an. Nicht weil er besonders schlau oder nett ist, sondern weil er aus der Familie kommt, die schon immer die Kaiser gestellt hat. Diese Familien gehörten zum Adel.

Wenn man also zufällig in eine solche Familie hineingeboren wird, dann hat man Glück: Man wird Kaiser, besitzt Macht und Geld und darf bestimmen, was das Volk zu tun hat. Wärst du also gerade der Klassenkaiser, fändest du so eine **Monarchie** wahrscheinlich gar nicht schlecht. So heißt die Staatsform, in der Kaiser und Könige das Sagen haben. Alle Mädchen, die das Buch lesen, hätten an dieser Stelle übrigens schon Pech gehabt: Sie könnten zwar einen Kaiser heiraten und damit auch Kaiserin sein, aber zu sagen hatten die Frauen damals nichts. Also wäre die Hälfte der Klasse, nämlich alle Mädchen, vermutlich schon mal nicht so begeistert von dieser Staatsform.

So. Einen Klassenkaiser hätten wir. Der Rest der Klasse wäre in drei Gruppen eingeteilt:

1. ganz wenige **Adelige**,
2. ein paar **Bürger** und
3. ganz viele **Arbeiter** und **Bauern**.

Je weiter unten ihr in der RANGORDNUNG steht, desto weniger dürft ihr mitbestimmen, was in der Klasse gemacht wird, und desto weniger Geld habt ihr. Grundsätzlich wird ausschließlich das gemacht, was der Kaiser befiehlt. Wenn ihr Glück habt, ist er ein guter Klassenkaiser und macht seine Arbeit zu eurer Zufriedenheit. Das bedeutet, ihr seid mit seinen Regeln einverstanden. Wenn aber zufällig einer Kaiser geworden ist, den ihr doof findet, der ungerecht ist, alles nur zu seinem eigenen Vorteil entscheidet und Dinge anordnet, zu denen ihr gar keine Lust habt, dann fändet ihr die Monarchie sicher nicht so gut. Und machen könnt ihr gegen den Kaiser kaum etwas.

Das System ist also UNGERECHT, denn derjenige, der zufällig durch Geburt Arbeiter oder Bauer geworden ist, hat nichts zu sagen, muss aber hart arbeiten und kommt dennoch nur gerade so über die Runden, während es sich der Klassenkaiser gut gehen lässt und über sein Leben und das seiner Untertanen bestimmen kann. FREIHEITEN gibt es da KEINE.

Jetzt denkt ihr vielleicht: Na gut, dann würden wir halt anfangen zu meckern und uns wehren. Das war früher aber gar nicht so einfach, weil der Kaiser natürlich darauf achtete, an der Macht zu bleiben. Er hatte deshalb den OBERBEFEHL über die ARMEE, und jedem, der etwas gegen ihn und sein System sagte oder tat, drohte der Tod.

Dennoch gibt es Momente, in denen es die Menschen wagen, sich gegen einen Machthaber aufzulehnen und sich zu wehren. Das nennt man dann **REVOLUTION**. In Deutschland gab es 1918 eine Revolution. Kaiser Wilhelm II. hatte seine Soldaten 1914 in den Ersten Weltkrieg geschickt, und vier Jahre später war klar, dass dieser Krieg nicht mehr gewonnen werden konnte. Trotzdem sollten die Kriegsschiffe noch ein letztes Gefecht gegen die englische Flotte führen. Die Matrosen in Kiel weigerten sich aber auszulaufen, weil sie nicht als Kanonenfutter in einem aussichtslosen Kampf sterben wollten. Da die Unzufriedenheit im Land so groß war, schlossen sich ihrem Aufstand immer mehr Menschen an. Der Kaiser musste schließlich fliehen und damit endete in Deutschland die Monarchie.

Matrosen demonstrieren 1918 in Kiel.

Wie funktioniert die Regierung von Deutschland?

Heutzutage gibt es keinen Kaiser mehr und die Monarchie ist abgeschafft. Stellt sich die Frage, wer jetzt entscheidet, ob zum Beispiel Schulen gebaut, Steuern erhöht oder Soldaten in den Krieg geschickt werden sollen.

Im Kapitel über Kaiser und Könige hatten wir festgestellt, dass oft ungerechte Entscheidungen zustande kommen, wenn nur einer das Sagen hat. Es sollte also JEDER BÜRGER eines Landes mitbestimmen dürfen, egal ob Mann oder Frau, alt oder jung, rothaarig oder blond, reich oder arm, gläubig oder ungläubig.

Nun kann man natürlich nicht zu jeder Entscheidung, die in einem Land getroffen werden muss, eine große Umfrage unter allen Bürgern durchführen. Wenn das so wäre, bliebe keine Zeit mehr für andere Dinge. Deshalb WÄHLT das Volk Vertreter, die diese Entscheidungen dann in ihrem Sinne treffen. Verschiedene Menschen, die ganz unterschiedliche Vorstellungen darüber haben, wie das Leben in Deutschland geregelt werden soll, treten dabei gegeneinander an. Sie sind Mitglieder von Parteien. Eine PARTEI könnte zum Beispiel dafür eintreten, dass mehr Kindergärten und Schulen gebaut werden, eine andere findet es wichtiger, Geld für Umweltschutz, also zum Beispiel für die Rettung der Wälder oder bedrohter Tierarten, auszugeben.

In Deutschland finden alle vier Jahre BUNDESTAGSWAHLEN statt. Jeder Erwachsene ab 18 Jahren mit deutscher Staatsangehörigkeit darf seine Stimme abgeben. Jeder Bürger hat damit genau das gleiche Mitbestimmungsrecht. Das bedeutet, dass keine Stimme mehr oder weniger wert ist. Am Ende des Wahltages werden alle Stimmen gezählt. Entsprechend der Anzahl der Stimmen dürfen die Parteien Vertreter in das Parlament schicken. Wurde also die Partei, die versprochen hat, mehr Kindergärten und Schulen zu bauen, besonders oft gewählt, dann sitzen auch ganz besonders viele ihrer Vertreter im Parlament. Diese Vertreter heißen ABGEORDNETE und das Parlament heißt in Deutschland BUNDESTAG.

Eine Versammlung im Deutschen Bundestag

Die Partei, die bei der Wahl die meisten Stimmen bekommen hat, schlägt eine Person vor, die **Kanzler oder Kanzlerin** werden soll. Der Kanzler muss vom Parlament gewählt werden und dabei mindestens die Hälfte aller Stimmen bekommen. Damit das klappt, sucht sich die stärkste Partei oft noch Verbündete bei anderen Parteien. Man nennt das dann eine **Koalition**. Hat die Mehrheit des Parlaments den Kanzler dann gewählt, wählt der seine **Minister** aus. Jeder von ihnen hat seinen eigenen Arbeitsbereich, sein Ministerium. Der Außenminister kümmert sich zum Beispiel um die Kontakte zu anderen Ländern, ein anderer Minister ist für die Finanzen und ein dritter für die Organisation der Verteidigung des Landes zuständig. **Kanzler und Minister bilden die Regierung.**

Natürlich können Kanzler und Minister nicht wie ein Kaiser mit seinen Getreuen vier Jahre nach Gutdünken herrschen. Sie werden vom **Parlament**, also den gewählten Vertretern des Volkes, kontrolliert und müssen sich an die bestehenden Gesetze halten. In den Gesetzen steht, was im Land erlaubt und was verboten ist und welche Regeln gelten. Wenn die Regierung etwas im Land verändern möchte, dann muss sie dafür ein neues **Gesetz** schreiben.

Will der Finanzminister zum Beispiel die Steuern auf Tabak erhöhen, dann lässt er die Mitarbeiter in seinem Ministerium einen Gesetzentwurf vorlegen, in dem zum Beispiel steht, wie viel demnächst pro Zigarette bezahlt werden soll. Zu dem Gesetz gibt es auch eine Begründung. Die Idee des Finanzministers wird im **Kabinett** besprochen. Das ist die

Versammlung aller Minister, die sich regelmäßig, meist jeden Mittwoch, trifft. Der Gesundheitsminister könnte das Gesetz zum Beispiel sehr gut finden, weil er hofft, dass weniger Menschen rauchen, wenn Zigaretten teurer werden. Der Wirtschaftsminister könnte einwenden, dass die Zigarettenindustrie dann weniger Geld verdient und Arbeiter entlassen werden. Der Minister für Jugend und Familie wäre sicher auch für das Gesetz, weil mehr Nichtraucher ein gutes Vorbild für die Kinder sind. Wenn dann alle Meinungen besprochen sind und der Gesetzentwurf fertig überarbeitet ist, wird er dem Parlament übermittelt.

Es sind also wieder die gewählten Vertreter des Volkes und ihre Parteien, die letztlich über das entscheiden, was im Land passiert. Über jedes Gesetz wird diskutiert, manchmal auch gestritten, es wird in speziellen Ausschüssen von Fachleuten überprüft und schließlich wird abgestimmt. Nur die Gesetze, bei denen die Mehrheit des Parlaments zustimmt, kommen durch. Der Rest landet im Papierkorb oder muss noch einmal gründlich überarbeitet werden.

Weil Deutschland in **16 Bundesländer** aufgeteilt ist, haben diese bei allen Gesetzen, die die Länder mitbetreffen, auch ein Mitbestimmungsrecht. Die Vertreter der Bundesländer sitzen im **Bundesrat**. Manches Gesetz, das erfolgreich die Abstimmung im Bundestag durchlaufen hat, scheitert hier an den Interessen der einzelnen Länder. Hat auch der Bundesrat dem Gesetz zugestimmt, dann muss es nur noch eine letzte Hürde nehmen, den **Bundespräsidenten**. Der darf aber nicht seine persönliche Meinung zu dem Gesetz sagen, sondern nur prüfen, ob das Gesetz nicht gegen das wichtigste Gesetz in Deutschland, das **Grundgesetz**, verstößt. Es darf also kein Gesetz beschlossen werden, das eines unserer Grundrechte verletzt.

→ Ein Grundrecht ist zum Beispiel, dass alle vor dem Gesetz gleich sind. Würden also zum Beispiel nur alle Menschen mit braunen Haaren mehr Steuern für Tabak bezahlen müssen, dann wäre das eine Ungleichbehandlung und der Bundespräsident dürfte das Gesetz nicht unterschreiben. Er würde es dann zum Überarbeiten zurückgeben. Das ist in der Geschichte von Deutschland aber bis jetzt nur wenige Male vorgekommen. Hat der Bundespräsident das Gesetz unterzeichnet, dann gilt es.

Die Staatsform, in der Deutschland regiert wird, nennt man **Demokratie**. Das Wort kommt aus dem Griechischen und bedeutet »Volksherrschaft«. Bei uns bestimmt also das Volk durch Wahlen, welche Politik gemacht werden soll.

! Wie ihr gesehen habt, ist es in der Demokratie viel aufwendiger, ein neues Gesetz zu verabschieden, als in einer Monarchie. Dort bestimmt ein Einzelner, was fortan geschehen soll. Der Lohn für die ganzen Mühen in der Demokratie ist aber, dass es wesentlich gerechter zugeht.

Was ist ein Rosinenbomber?

Rosinenbomber – das klingt eigentlich nach Krieg und Beschuss. Aber natürlich haben all diejenigen von euch recht, die einwenden, dass noch nie in einem Krieg mit Rosinen geschossen wurde.

Um herauszufinden, was Rosinenbomber wirklich sind, mussten wir in den Geschichtsbüchern bis in das Jahr 1945 zurückblättern. Wie ihr schon aus dem Kapitel über BERLIN wisst, wurde DEUTSCHLAND 1945 nach dem verlorenen Zweiten Weltkrieg unter DEN VIER SIEGERMÄCHTEN AUFGETEILT. Schnell war klar, dass sich die USA, England und Frankreich nicht mit der Sowjetunion darüber einig waren, was aus dem besiegten Deutschland werden sollte. Eine besondere Rolle spielte die ehemalige

Hauptstadt **Berlin** bei diesem Streit. Die Stadt war so wichtig, dass man sie nach dem Krieg nicht einer einzelnen Siegermacht zusprechen wollte. Sie wurde deshalb ebenfalls aufgeteilt: in eine östliche und drei westliche Besatzungszonen. In Berlin hatten also alle ein Wörtchen mitzureden. Was sich dabei als besonders schwierig herausstellen sollte:

Berlin lag wie eine Insel mitten in der Sowjetischen Besatzungszone.

Die Insellage Berlins

In den Jahren nach 1945 wurden die **Spannungen** zwischen den drei westlichen Besatzungsmächten und der Sowjetunion immer größer. Man war sich nicht einig, welche Politik im besetzten Deutschland die richtige war. Die Sowjetische Besatzungszone trennte sich immer stärker von den anderen drei Zonen ab. Im März 1948 scheiterte der Versuch, für das gesamte Deutschland eine neue gemeinsame Währung einzuführen. Deshalb beschlossen die drei Westmächte einen Alleingang und führten in ihren Teilen Deutschlands die Deutsche Mark als Zahlungsmittel ein. Im sowjetisch besetzten Teil wurde weiterhin mit Reichsmark bezahlt. Auch in Berlin wurde nun mit diesen zwei unterschiedlichen Währungen gerechnet. Das bedeutete, dass Deutschland nun wirtschaftlich geteilt war.

Die Sowjetunion wollte die Westmächte von ihren Teilungsplänen abbringen, um weiterhin Einfluss auf ganz Deutschland zu haben. Um sie unter Druck zu setzen, schlossen die sowjetischen Besatzer 1948 alle Zufahrtswege von Berlin in die westlichen Besatzungszonen. Weil Berlin wie eine Insel in der Sowjetischen Zone lag, kam nun kein Laster, kein Zug, kein Auto und kein Schiff mehr in den Westen der Stadt. Über zwei Millionen Menschen in Westberlin waren nun ohne Nahrungsmittel und Kohle zum Heizen.

Da alle Wege über Land abgeschnitten waren, blieb den Amerikanern und Briten nur noch der Weg durch die Luft: Täglich flogen Flugzeuge in die Stadt und brachten alles mit, was die Einwohner zum Überleben brauchten: Kohle genauso wie Lebensmittel oder Medikamente. An manchen Tagen landeten die Maschinen im Minutentakt in Westberlin.

Ihr fragt euch bestimmt, was das nun alles mit den Rosinenbombern zu tun haben soll? Wir sind der Sache aber schon ganz nah: Die Flugzeuge, die Berlin mit Lebensmitteln versorgten, waren Militärmaschinen. Umgangssprachlich also »Bomber«. Alle Waren, die sie in die abgeriegelte Stadt flogen, wurden am Flughafen entladen.

Mit Ausnahmen: Vermutlich war es der amerikanische Pilot Gail Halverson, der zuerst die Idee hatte, Schokolade an kleine FALLSCHIRME AUS TASCHENTÜCHERN zu hängen und diese vor der Landung über Berlin abzuwerfen. Er wollte damit den wartenden Kindern eine Freude machen. Sein Chef erfuhr von den Abwürfen, fand die Idee gut und fortan warfen auch andere Piloten SCHOKOLADE, KAUGUMMI und wohl auch ROSINEN an kleinen Fallschirmen aus den »Bombern«. Es waren also diese kleinen Geschenke, die den Flugzeugen ihren Namen »Rosinenbomber« einbrachten. Einen echten Rosinenbomber aus dieser Zeit könnt ihr übrigens noch heute beim Technikmuseum in Berlin besichtigen.

Rosinenbomber über Westberlin

Insgesamt wurden die Menschen in der Stadt elf Monate lang über die BERLINER LUFTBRÜCKE versorgt, bis die Sowjetunion einlenkte und die Zufahrten wieder öffnete.

Warum liegen auf einem Grab in Potsdam immer Kartoffeln?

Bei der Frage mussten wir erst einmal das Grab suchen, bevor wir klären konnten, warum Kartoffeln darauf liegen.

Eine Möglichkeit wäre gewesen, ganz **Potsdam** zu Fuß zu durchstreifen und nach dem Kartoffelgrab Ausschau zu halten. Da das Buch allerdings nicht erst nächstes Jahr fertig sein sollte, haben wir uns für eine zweite Möglichkeit entschieden, der Sache auf die Spur zu kommen: Wir haben im Internet die Begriffe »Grab«, »Kartoffel« und »Potsdam«

eingegeben und die Suchmaschinen arbeiten lassen. Das ersparte uns viel Lauferei und Zeit, und nach wenigen Sekunden wussten wir, welches Grab gemeint ist.

Das Foto auf dem Computerbildschirm zeigt eine Grabplatte aus Stein, auf der FRIEDRICH DER GROSSE geschrieben steht. Und tatsächlich sieht man mehrere Kartoffeln auf dem Grab liegen. Es befindet sich im Park von SCHLOSS SANSSOUCI. Und manchen dämmert jetzt wahrscheinlich schon, dass Friedrich II., den ihr im Kapitel über BRANDENBURG schon kurz kennengelernt habt, jener Friedrich ist, der hier beigesetzt ist und der den Beinamen »der Große« trug. Friedrich II. war preußischer König. »Der Große« wurde er genannt, weil er als Feldherr erfolgreich den scheinbar aussichtslosen »Siebenjährigen Krieg« gewonnen hat. Kartoffeln spielten bei diesem Sieg allerdings keine Rolle.

Kartoffeln auf dem Grab Friedrichs II.

Warum also Kartoffeln statt Blumen für einen König? Der Geschichte mussten wir nachgehen.

Vor ungefähr 250 Jahren, als Friedrich II. herrschte, war die KARTOFFEL in Deutschland noch weitgehend unbekannt. Die Spanier hatten die Knolle zwar schon im 16. Jahrhundert bei den Inkas, einem südamerikanischen Volk, kennengelernt und nach Europa gebracht, aber gegessen wurde sie deshalb noch lange nicht. Man züchtete sie wegen ihrer schönen Blüten und der vielen Blätter einfach nur so, zum Angucken. Keiner kam auf die Idee, die Pflanze zu essen. Das grüne Kraut war giftig, und den unbekannten Knollen, die unter der Erde wuchsen, stand man skeptisch gegenüber. Schließlich hauste dort unten in der Vorstellung der religiösen Menschen der Teufel. Die Menschen aßen deshalb lieber das, was sie kannten, also zum Beispiel Kohl oder Getreide. Getreu dem Motto: »Was der Bauer nicht kennt, das isst er nicht«, kamen ihnen Kartoffeln nicht auf den Tisch.

Das große Problem aber waren die HUNGERSNÖTE, die es in dieser Zeit immer wieder gab. Friedrich ahnte, dass die nahrhafte Kartoffel hier helfen würde, aber die Bauern wollten sie nicht anbauen. Angeblich ließ Friedrich deshalb Kartoffeln auf einem großen Feld pflanzen und von seinen Soldaten bewachen. Denen soll er allerdings die Anweisung gegeben haben, nicht allzu genau hinzusehen, wenn Kartoffeldiebe auf das Feld kamen. Die Bauern dachten wohl, dass die Kartoffel etwas ganz Besonderes sein müsste, wenn der König sie sogar von Soldaten bewachen ließ. Sie stahlen sich ein paar Knollen, probierten sie und so wurde die Kartoffel dann doch noch angebaut.

Ob die Geschichte stimmt, wissen wir nicht. Aber sicher ist, dass Friedrich II. kostenlos Kartoffeln verteilen ließ, um die Bauern dazu zu bewegen, die Pflanze anzubauen. Aber sie blieben skeptisch und weigerten sich. Deshalb erließ er 1756 ein GESETZ, in dem stand:

»Es ist Uns in höchster Person in Unsern und anderrn Provintzien die Anpflantzung der sogenannten Tartoffeln, als ein nützliches und so wohl für Menschen als Vieh auf sehr vielfache Art dienliches Erd Gewächse, ernstlich anbefohlen.«

Der König befahl nun also per Gesetz, die nützlichen Kartoffeln anzubauen, und die Bauern mussten sich fügen. Soldaten kontrollierten streng, ob das Gesetz auch eingehalten wurde.

Mit diesem Befehl zum Kartoffelanbau hat Friedrich II. nicht nur seine Untergebenen vor Hunger bewahrt, sondern die Kartoffel in Deutschland bekannt gemacht. Heute halten sie viele sogar für ein typisch deutsches Essen, obwohl die Deutschen vor 250 Jahren erst einmal zu ihrem Glück gezwungen werden mussten und die Heimat der Kartoffel Südamerika ist. Aus Dankbarkeit für die Einführung der Kartoffel per Gesetz legen die Menschen noch heute Kartoffeln auf das Grab Friedrichs II.

Wo kommen in Deutschland die Berge her?

Beginnen wir mit einem kleinen Experiment.
Ihr braucht dafür:

300 g Mehl
1 Teelöffel Backpulver
130 g Zucker
2 Päckchen Vanillezucker
2 Eier
130 g Butter

Vermischt das Mehl in einer Schüssel mit dem Backpulver und gebt dann alle anderen Zutaten dazu. Dann heißt es Ärmel hochkrempeln und alles kräftig mit den Händen durchkneten. Am Ende solltet ihr eine feste Kugel Teig haben, die ihr für eine halbe Stunde in den Kühlschrank stellt. Dann rollt ihr den Teig auf einer bemehlten Fläche mit einer Kuchenrolle zu einer dicken Platte aus. Sie sollte nicht zu fest sein. Die Platte nur noch halbieren, von beiden Seiten mit Mehl bestäuben und schon kann der Versuch starten.

Schiebt die beiden Teigplatten gegeneinander. Wenn sie aneinanderstoßen, werdet ihr einen Widerstand spüren. Drückt dann weiter gegen die Platten. Ihr werdet sehen, dass sie sich erst etwas ineinanderschieben, der Teig dann an dieser Stelle dicker wird und sich nach oben auffaltet. In der Mitte entsteht ein zerklüftetes **Teiggebirge**. Ein paar Teigstücke brechen ab und fallen herunter, andere bilden einen Berg. Wenn ihr euch das Ergebnis anseht, dann erkennt ihr vielleicht die Alpen.

Na gut, manche werden sagen, dass die Zugspitze fehlt, und natürlich sind es nicht die Alpen. Aber das, was ihr gerade mit den zwei Teigplatten gemacht habt, ist vor ungefähr 30 Millionen Jahren auf der Erde passiert.

Die **Erdkruste** ist nicht ein festes Stück, sondern besteht aus verschiedenen **Kontinentalplatten**. Die könnt ihr euch wie die beiden Teigplatten vorstellen. Die **Alpen** entstanden, weil die Afrikanische Kontinentalplatte und die Eurasische Platte (auf der Europa liegt) zusammengestoßen sind. Wie bei unserem Teigexperiment haben sich die Ränder der Platten dabei ineinandergeschoben und aufgefaltet.

Die Erdkruste wurde an dieser Stelle dicker und musste nach oben ausweichen.

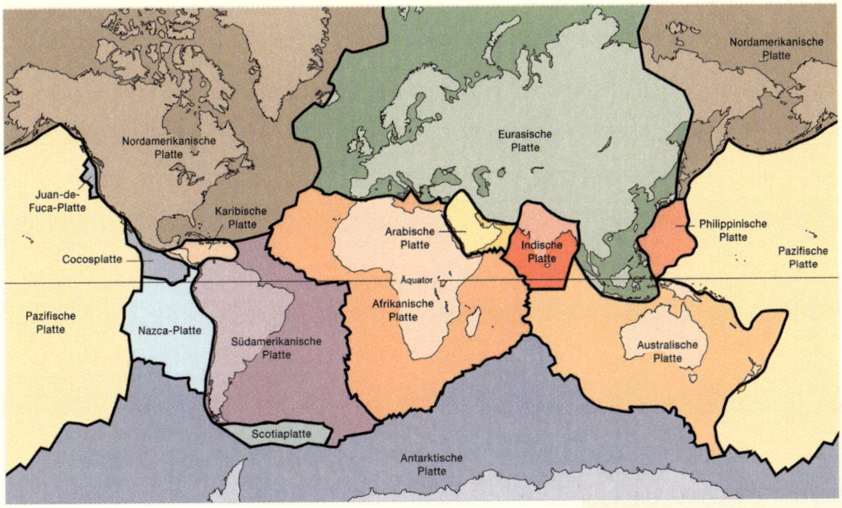

Die Kontinente der Erde befinden sich auf verschiedenen Kontinentalplatten.

Schon während sich die Erdkruste faltete und das Gebirge bildete, brachen Teile davon ab. So wie beim Teigexperiment. Dadurch entstanden die Formen der einzelnen Berge. Auch heute verändern sich diese Berge immer wieder. Wenn Wasser in Gesteinsspalten gefriert und sich dabei ausdehnt, sprengt es ganze Stücke vom Berg ab. Regen wäscht Steine heraus und es kommt zu Steinschlag und Lawinen. Außerdem drücken – für uns unsichtbar – weiterhin die beiden Kontinentalplatten gegeneinander und heben die Alpen jedes Jahr um ein paar Millimeter an. Die Alpen im Süden von Deutschland sind also das Ergebnis der Verschiebung der Kontinentalplatten und der Abtragung des Gesteins.

Wenn ihr euch die Deutschlandkarte hinten im Buch anseht, dann erkennt ihr, dass nördlich der Alpen weitere Gebirge liegen. Sie sind nicht ganz so hoch wie die Alpen und werden deshalb **Mittelgebirge** genannt. Im Schnitt sind sie zwischen 500 und 1500 Meter hoch. Sie entstanden ungefähr zur gleichen Zeit wie die Alpen und sind die Ränder dieser zusammengequetschten Zone. Wenn ihr euch euer Teiggebirge anseht, besteht es nicht nur aus einer großen Erhebung in der Mitte, sondern auch davor hat sich der Teig zu kleineren Hügeln aufgebaut. Das liegt daran, dass sich der Druck beim Zusammenstoß der beiden Platten bis dahin ausgedehnt hat. Dasselbe geschieht auch beim Gestein.

→ Weil der Druck an den Rändern aber nicht mehr ganz so stark ist, hat sich das Gebirge hier auch nicht mehr so hoch aufgewölbt. Auf diese Weise entstanden zum Beispiel der Schwarzwald, die Schwäbische Alb, der Bayerische Wald und weiter nördlich Hunsrück und Taunus, Weserbergland, Harz, Thüringer Wald und Erzgebirge.

Es gibt aber auch Berge, die einen anderen Ursprung haben. Siebengebirge, Westerwald, Vogelsberg, Kaiserstuhl, Rhön und Eifel sind aus **Vulkanen** entstanden. Einigen Bergen sieht man das an ihrer Kegelform noch an. An manchen Stellen entdeckt man sogar noch die Vulkankrater, wo Lava und Vulkanasche aus dem Erdinneren hervorbrachen. In der Eifel ist der Laacher See ein solcher, mit Wasser gefüllter Krater.

! Dass hier neue Berge aus Vulkanen entstanden, ist noch gar nicht so lange her: Noch vor 12 900 Jahren spie die Erde in der Eifel Feuer. Siebengebirge und Westerwald gehören hingegen zu den alten Vulkanen. Diese Berge bildeten sich schon vor 25 Millionen Jahren. Sie entstanden, als sich das glühend heiße Gestein als Lava aus dem Krater über die Erde ergoss, dort abkühlte und wieder erstarrte.

Ein paar kleinere Hügel im Norden Deutschlands erklären sich weder durch die Verschiebung der Kontinentalplatten noch durch Vulkanismus. Sie entstanden in der letzten Eiszeit, vor ungefähr 10 000 Jahren. Vom Norden kommend, schoben sich **Gletscher** über Deutschland und schmirgelten alle Erhebungen flach. Dort, wo früher einmal Berge waren, entstand flaches Land. Der Gletscher schob aber auch Gestein vor sich her und häufte es zu Moränen auf. Auf der Insel Rügen gibt es Erhebungen, die ebenfalls durch Gletscher entstanden sind. Sie bestehen aber nicht nur aus Schotter. Hier hat der Gletscher sogar Untergrund vor sich hergeschoben. Mit 160 Metern erreichen die Berge allerdings nicht annähernd die Höhe der Mittelgebirge.

So, die Entstehung der Berge wäre geklärt – stellt sich nur noch die Frage, was jetzt mit eurem Teiggebirge geschehen soll? Am besten, ihr rollt die zwei Platten noch einmal glatt und legt jeweils eine Springform damit aus. Backt den Teig 15 bis 20 Minuten bei 200°C. Lasst ihn dann gut auskühlen und belegt ihn anschließend mit Obst. Noch etwas Tortenguss darüber und schon habt ihr den leckersten Gebirgsobstkuchen Deutschlands.

Wie heißt der kürzeste Fluss Deutschlands und wo entspringt er?

Die Frage ist ausnahmsweise schnell beantwortet: Die **PADER** ist mit einer Länge von vier Kilometern der kürzeste Fluss Deutschlands. Sie entspringt in Paderborn, in Nordrhein-Westfalen.

Fertig, aus die Maus.

Eigentlich ist die Frage zum kürzesten Fluss schon beantwortet, aber als wir ein bisschen über die Pader nachgelesen haben, fanden wir plötzlich noch ganz viele spannende Dinge heraus. Zusammengefasst lässt sich über den kürzesten Fluss sagen: Er ist zwar klein, aber oho!

Das fängt schon damit an, dass die Pader nicht nur eine → Quelle hat, sondern 200! Das Wasser, das letztlich in der Pader zusammenfließt, tritt also an 200 Stellen aus dem Untergrund an die Oberfläche. Eine so große Anzahl von Quellen haben nicht viele Flüsse. Und obwohl die Pader der kürzeste Fluss ist, ist seine Wassermenge verhältnismäßig groß. Aus den 200 Quellen fließen ungefähr 5000 Liter Wasser pro Sekunde. Das ist so viel wie 33 volle Badewannen.

Bei so vielen Quellen verwundert der Name der Stadt Paderborn nicht: »Born« bedeutet »Quelle«. Paderborn ist somit der Ort, an dem die Pader entspringt. Die einzelnen Quellen fließen in mehreren Armen zusammen, die sich in Paderborn zur Pader vereinen. Einige der Quellarme haben Namen, die darauf hinweisen, welche Eigenschaften sie haben und wie sie früher genutzt wurden.

Die »Warme Pader« ist 6 bis 8° C wärmer als die anderen Paderarme. Das wärmere Wasser nutzten die Menschen früher gerne, um darin ihre Wäsche zu waschen. Deshalb wurde dieser Paderarm auch Waschpader genannt.

Die DIELENPADER floss früher direkt an den Häusern vorbei. Um trockenen Fußes nach Hause zu kommen, rammten die Bewohner der Stadt Pfähle in den Boden des Flusses und befestigten Dielen, also längliche Bretter, darauf. Auch heute heißt die Straße an diesem Paderarm »Auf den Dielen«.

Der Name einer weiteren Quelle gefiel uns besonders gut. Die AUGENQUELLE entspringt unter der Stadtbibliothek. Im Vergleich zu den anderen Paderquellen fließt hier Wasser, das recht sauber ist. Es wurde deshalb früher gerne zum Augenwaschen genutzt. Die Menschen stellten sich dabei auf einen im Wasser liegenden Stein.

So, nachdem wir ziemlich viel Zeit an der Quelle verbracht haben, wenden wir uns jetzt der Mündung, also dem Ende der Pader, zu: Das ist nach vier Kilometern schnell erreicht. Hier fließt die Pader in die Lippe. Obwohl die Pader viel mehr Wasser mitbringt als die Lippe, bestimmt nun ihr Name den weiteren Verlauf des Flusses.

Die Pader in Paderborn

Wo ist die tiefste Schlucht?

Wir haben uns überlegt, dass wir die Antwort auf diese Frage vermutlich dort finden, wo Berge sind. Hohe Berge passen schließlich ganz gut zu tiefen Tälern. Unsere Suche nach der tiefsten Schlucht Deutschlands begann deshalb in den ALPEN. Und tatsächlich wurden wir dort gleich doppelt fündig: Zwei Schluchten schneiden sich hier 150 Meter tief in die Berge ein: Es sind die HÖLLENTALKLAMM und die BREITACHKLAMM. Die Höllentalklamm liegt bei Garmisch-Partenkirchen und die Breitachklamm bei Oberstdorf.

Breitachklamm

Höllentalklamm

Wandert man durch eine Klamm, kommt man vielleicht auf die Idee, dass das Wort »Klamm« von der feuchten und kalten Kleidung herrührt, die man dort bekommt. Aber Fehlanzeige. Egal ob man trocken oder nass durch eine Klamm spaziert, ihr Name hat damit nichts zu tun. »Klamm« bedeutet nur, dass es sich um eine tiefe und enge Schlucht handelt.

Zu einer Klamm gehört außerdem immer ein Bach. Durch die Höllentalklamm fließt der Hammersbach und durch die Breitachklamm die Breitach. Die meisten dieser GEBIRGSBÄCHE entstanden am Ende der letzten Eiszeit, vor ungefähr 8000 bis 10000 Jahren. Als die Gletscher schmolzen, musste das Wasser abfließen. Es suchte sich dafür den Weg des geringsten Widerstandes. Das bedeutet, dass sich überall dort, wo das Gestein leichter nachgab, ein Ablauf bildete.

→ Der Bach schnitt sich seinen Weg in den Fels hinein.

Nun gab das Gestein an manchen Stellen leicht nach und der Bach konnte sein Bett entsprechend breit ausdehnen. An anderen Stellen aber war der Fels härter, und das Wasser schaffte es nur, eine sehr schmale Rinne zu graben. Weil das

Wasser an diesen schmalen Stellen zusammengedrückt wurde und schneller floss, grub sich der Bach immer tiefer in den Stein ein. Dadurch entstand eine schmale, sehr tiefe Schlucht, die Klamm.

Mit einem Versuch könnt ihr das selber ausprobieren: Wenn ihr mit einem Gartenschlauch einen Erdhügel längere Zeit wässert und so lange wartet, bis der Boden kein Wasser mehr aufnehmen kann, dann könnt ihr beobachten, wie sich solche Bachbetten bilden. Auch von eurem Hügel fließt das Wasser nicht gleichmäßig ab. Schon nach kurzer Zeit bilden sich Rinnen. Die sind vergleichbar mit den Bachläufen. Haltet ihr jetzt den Schlauch in eine dieser Rinnen, dann spült das Wasser mit dem stärkeren Druck sehr schnell die Erde weg. Wenn ihr jetzt diese Rinne mit den anderen vergleicht, seht ihr, dass sie tiefer geworden ist. Schnell fließendes Wasser spült also tiefere Rinnen aus.

Weil das Wasser unter hohem Druck schnell durch die Klamm fließt, schäumt und tost es oft wild und laut, und die Luft ist feucht von Wassertropfen. Die Felswände stehen manchmal nur ein bis zwei Meter voneinander entfernt, dadurch hört sich das Tosen noch gefährlicher und lauter an. Da die Schluchten nicht nur sehr schmal, sondern auch sehr tief sind, ist es unten recht dunkel. Die meisten Pflanzen brauchen jedoch viel Licht zum Leben. Deshalb findet man dort nur wenige, anspruchslose Pflanzen, wie zum Beispiel Moose oder Flechten. Wer auf seinem Spaziergang gerne Blumen pflücken möchte, sollte sich also besser keine Klamm aussuchen.

Wie heißt die Gegend mit mehr als 1000 Höhlen?

1000 Höhlen – die Gegend muss durchlöchert sein wie ein Schweizer Käse, dachten wir, als wir uns auf die Suche machten. Als wir sie gefunden hatten, waren wir ziemlich erstaunt: Nicht nur über die vielen Höhlen, sondern auch über den Namen: FRÄNKISCHE SCHWEIZ.

Fränkische Schweiz – Schweizer Käse, da hätten wir richtig vermutet, wenn ... ja wenn der Name nicht in die Irre führen würde: Mit dem Schweizer Käse hat die Fränkische Schweiz nämlich gar nichts zu tun.

Ihren Namen bekam dieser Teil der Fränkischen Alb im 18. Jahrhundert. Wanderer, die die kargen Felsen und Berge sahen, verglichen sie begeistert mit den Schweizer Bergen und hängten ihnen gleich deren Namen an. Dass die Berge bei Weitem nicht so hoch waren wie die in der Schweiz, störte sie gar nicht. Es war halt die Schweiz im Kleinen.

Aber zurück zu den über 1000 Höhlen: In dieser Gegend konnten so viele Höhlen entstehen, weil die Berge in der Fränkischen Schweiz aus **Kalk** und **Dolomit** bestehen. Beide Gesteine lösen sich durch Säure auf.

Das könnt ihr zu Hause gut ausprobieren, wenn ihr in eurem Wasserkessel Kalk als Ablagerung auf dem Boden findet. Schüttet etwas Essig in den Kessel und lasst das Ganze stehen. Nach ein paar Stunden wird der Essig milchig, und wenn ihr ihn wegschüttet, ist der Kalk vom Boden verschwunden. Das liegt daran, dass im Essig Essigsäure enthalten ist. Diese Säure löst den Kalk auf.

Dasselbe ist mit dem Kalk und dem Dolomit in der Fränkischen Schweiz passiert. Natürlich hat keiner Essig über die Berge geschüttet, aber im Boden befindet sich eine **Säure**, die das Gestein auflöst. Die Säure entsteht, weil Pflanzen über ihre Wurzeln Kohlendioxid abgeben und sich dieses mit dem Wasser im Boden verbindet. Durch diese Verbindung entsteht Kohlensäure. Kohlensäure kennt ihr aus der Sprudelflasche. Es ist keine sehr aggressive Säure, denn sonst dürftet ihr sie nicht trinken. Aber sie reicht aus, um Kalk und Dolomit aufzulösen.

Und so funktioniert es: Wenn kohlensäurehaltiges Wasser durch kleine Spalten in das Gestein eindringt, löst sich der Kalk oder Dolomit langsam auf. Weiteres Wasser fließt nach und mit der Zeit löst sich an dieser Stelle immer mehr Gestein auf. Wenn das Wasser schließlich abfließt, bleibt ein Hohlraum zurück. Eine neue Höhle ist entstanden.

Die meisten der 1000 Höhlen der Fränkischen Schweiz kann man nicht besichtigen. Sie haben keinen Zugang oder es wäre zu gefährlich. Ungefähr 100 kann man aber betreten. Drei große Höhlen sind mit Licht und Wegen ausgestattet und regelmäßig für Besucher geöffnet: die Teufelshöhle, die Binghöhle und die Sophienhöhle.

Die TEUFELSHÖHLE ist die größte der 1000 Höhlen. Ihre verschlungenen Gänge sind insgesamt 1,5 Kilometer lang und verbinden mehrere Säle miteinander. Hier wurden die Knochen von insgesamt 80 HÖHLENBÄREN gefunden, die unseren Vorfahren in der Steinzeit bestimmt höllisch Angst eingeflößt haben. Das Skelett eines Bären wurde wieder zusammengesetzt und steht jetzt in dem Teil der Teufelshöhle, der Bärenhöhle genannt wird. Der Höhlenbär war ungefähr drei Meter hoch und 400 Kilo schwer. Außer den Bärenknochen wurden auch noch die Überreste eines zweiten Steinzeitraubtieres, der Höhlenhyäne, gefunden. Auch sie ist heute ausgestorben.

Das Höhlenbärskelett
in der Teufelshöhle

Weil man aber nicht nur die Überreste der Raubtiere, sondern auch die ihrer Beute gefunden hat, weiß man heute, wovon sich Höhlenbär und Höhlenhyäne vor 30 000 Jahren ernährt haben. Zu ihren Lieblingsspeisen zählten Wisent, Elch, Hirsch, Rentier und Pfeifhase.

Der größte Raum der Teufelshöhle ist der Riesensaal. Er ist 30 Meter lang, 16 Meter breit und 13 Meter hoch. In diesem Saal hätte eine Dorfkirche locker Platz. Hier steht auch einer der größten Tropfsteine der Höhle: Er heißt »Goliath« und soll 300 000 Jahre alt sein.

TROPFSTEINE entstehen, indem Wasser Mineralien aus dem Gestein herauslöst und an einer anderen Stelle wieder ablagert. Das Wasser hat aber nur Zeit, die Mineralien abzugeben, wenn es sehr langsam fließt und lange als Tropfen an einer Höhlendecke hängt. Über viele tausend Jahre bauen sich so aus kleinen Mineralienablagerungen lange Säulen auf. Wenn sie von der Decke hängen, werden sie **STALAKTITEN** genannt. Wasser, das auf den Boden tropft, baut dort **STALAGMITEN** auf, die nach oben zur Decke wachsen.

Das dauert allerdings sehr lange. In der Teufelshöhle wächst ein Tropfstein in 13 Jahren ungefähr einen Millimeter.

Wenn man an den Höhlenbären denkt, ist es nicht verwunderlich, dass sich die Menschen früher in Höhlen fürchteten. Auch die Teufelshöhle war ihnen unheimlich. Man erzählte sich, dass der Teufel sie als Eingang zur Hölle nutzte. Gesehen hat den Teufel allerdings noch niemand, aber die Geschichten über ihn gaben der Höhle ihren Namen.

Auf welchem Berg im Bayerischen Wald kann man Edelsteine finden?

Ein Berg, auf dem **EDELSTEINE** zu finden sind, zieht die Prinzessinnen und die Schatzsucher unter euch bestimmt ganz besonders an. Ob ihr die Edelsteine für eine schöne Kette oder eure Schatzkiste sammelt, ist eigentlich egal. Hauptsache ihr wisst, wo ihr suchen müsst.

Um diesen Ort im Bayerischen Wald zu finden, mussten wir allerdings erst einmal ein bisschen herumtelefonieren. Bei Herrn Pfaffl, einem Mann, der sich schon seit 30 Jahren als Geologe mit Steinen beschäftigt, waren wir schließlich an der richtigen Adresse. Er konnte uns nicht nur einen, sondern gleich drei Berge nennen, auf denen man Edelsteine finden kann.

Rosenquarz

Der bekannteste von ihnen ist der HENNENKOBEL. Hier findet man ROSENQUARZE. Herr Pfaffl sagte uns, dass man am besten nach ihnen sucht, wenn es noch feucht ist, also zum Beispiel morgens, wenn die Sonne den Tau noch nicht getrocknet hat. Der Rosenquarz glitzert dann rosarot. Die Farbe in dem Edelstein entsteht, weil winzige Mengen des Metalls Titan in ihm enthalten sind. Rosenquarz wurde bis 1817 am Hennenkobel sogar abgebaut. Man benötigte ihn, um Glas herzustellen.

Einen anderen Edelstein gibt es am Berg OSSER. Auf dem letzten Stück des Weges zum 1239 Meter hohen Gipfel liegen an der Schutzhütte Granitsteine, in denen kleine Granatsplitter enthalten sind. GRANATE sind rote Edelsteine. Sie haben ihre leuchtend rote Farbe vom Eisen, das in ihnen eingeschlossen ist. Aber trotz der wertvollen Steine trifft man am Osser weder Prinzessinnen noch Schatzsucher. Vermutlich liegt es daran, dass man hier nur kleine Granatsplitter findet. Man kann den Granat auch nicht aus dem umgebenden Granit herausschlagen, denn dabei geht meist auch der Edelstein kaputt. Herr Pfaffl gab uns deshalb den Tipp, lieber in den Bachläufen des Waldes zu suchen. Dort hat das Wasser den Granat aus dem Stein herausgespült und man findet mit etwas Glück kleine runde Edelsteinkügelchen.

Seinen größten Granat hat Herr Pfaffl aber nicht am Osser, sondern am FALKENSTEIN gefunden. Das ist der dritte Berg, auf dem ihr euch beim nächsten Besuch im Bayerischen Wald als Schatzsucher betätigen könnt.

Die meisten, die auf den Hennenkobel, den Osser oder den Falkenstein wandern, wissen aber gar nichts von den Edelsteinen. Sie kommen wegen der schönen Aussicht und den Besonderheiten, die der Bayerische Wald zu bieten hat.

Teile des Bayerischen Waldes sind nämlich seit 1970 NATIONALPARK. Damit war dieser Wald der erste Nationalpark Deutschlands. Er verläuft 40 Kilometer entlang der deutschen Grenze zwischen Bayrisch Eisenstein und Mauth-Finsterau. Seit knapp 40 Jahren entwickelt sich hier die Natur weitgehend ohne menschlichen Einfluss. Hier wächst alles von alleine. Pflanzen werden nicht gepflanzt, sondern säen sich selbst aus. Dort, wo genug Platz und Licht an einer Stelle ist, wächst dann auch ein neuer Baum. Der Bayerische Wald ist ein Urwald, in dem sich alles so entwickelt, wie die Natur es zulässt. Stürzt ein Baum um, bleibt er liegen und verrottet mit den Jahren. Aus seinen Überresten bildet sich fruchtbarer Boden, der Nahrung für neue, junge Pflanzen ist.

Ein Nationalpark bietet Tieren sehr viele natürliche Rückzugsräume, in denen sie ungestört vom Menschen leben können. Deshalb sind Tiere in den Bayerischen Wald zurückgekehrt, die hier schon ausgestorben waren. Aus Polen und Tschechien wanderten Luchse und Wölfe ein. Otter leben hier genauso wie Schwarzstörche und Wanderfalken. Und auch die größten und kleinsten Eulen, der Uhu und der Sperlingskauz, jagen in diesem Revier. Hirsche, Rehe und Wildschweine, die man aus anderen Wäldern kennt, gibt es hier natürlich auch.

Was ist die Stinksteinwand?

Ehrlich gesagt hat es uns etwas Überwindung gekostet, uns der Stinksteinwand zu nähern. Wer geht schon freiwillig dahin, wo es stinkt? Und welcher Gestank erwartet uns genau?

Aber die Neugier hat gesiegt, und wir wissen jetzt auch, wonach es stinkt: Es ist ein Geruch wie von fauligen Eiern, der bei der Stinksteinwand aus der Erde kommt. Um genau zu sein, es riecht nach SCHWEFEL.

Die Stinksteinwand haben wir am Osthang des HOHEN MEISSNERS in HESSEN gefunden. Dort wurde früher Braunkohle abgebaut. Dafür hat man lange unterirdische Gänge, sogenannte Stollen, in den Berg gegraben, durch die Luft an die Kohle gelangte und sie getrocknet hat. Dadurch dass sich der Sauerstoff mit der Kohle verbunden hat, entstand außerdem Wärme, durch die sich die Braunkohle selbst entzünden konnte. So entsteht ein unterirdischer

SCHWELBRAND. Dabei brennt die Kohle bei niedrigen Temperaturen langsam vor sich hin, ohne ganz zu verbrennen. Vermutlich ist bereits vor 300 Jahren am Meißner ein Kohleflöz, also eine Kohleschicht, auf diese Weise unterirdisch in Brand geraten. Solche Brände ziehen sich oft über Kilometer hin.

Noch heute schwelt dieser Brand. Besonders oft tritt der Rauch am Steinbruch 400 Meter oberhalb des Parkplatzes Schwalbenthal aus. Weil die Kohle nicht ganz verbrennt, entstehen Schwefelverbindungen. Und die verbreiten einen ähnlichen Geruch wie faulige Eier. Der Geruch ist so intensiv, dass man ihn je nach Windrichtung schon auf dem Parkplatz riechen kann. Näher darf man an die Stinksteinwand auch nicht heran, da sie sich in einem Naturschutzgebiet befindet und es um den Steinbruch herum außerdem zu gefährlich wäre. Uns reichte der Geruch auf diese Entfernung ehrlich gesagt aber auch völlig aus.

Die Stinksteinwand ist nicht das einzige UNTERIRDISCH BRENNENDE KOHLEVORKOMMEN in Deutschland. Im Kapitel über das SAARLAND hatten wir einen ähnlichen Brand bei Dudweiler beschrieben. Löschen kann man diese Brände nur schwer. Das hat man in der Nähe von Zwickau lange vergeblich versucht. Dort brannte ein altes Kohleflöz fast vierhundert Jahre. Man leitete einen Bach durch das Flöz und versuchte, es mit Erde zuzuschütten. Aber der Brand entzündete sich immer wieder neu. Erst 1860 gelang es, den Brand endgültig zu löschen.

Welcher Beruf wird in Deutschland von nur 750 Männern ausgeübt

und das schon seit 550 Jahren?

Die Frage kam von Leon aus Hetlingen. Sein Vater ist einer der Männer, die diesen seltenen Beruf ausüben. Er muss also auf irgendetwas sehr spezialisiert sein. Das klang so spannend, dass wir Leon und seinen Vater besucht haben.

Hetlingen liegt an der Elbe, nicht weit von Hamburg entfernt. Und tatsächlich ist der Fluss das Arbeitsgebiet von Leons Vater: Er ist ELBLOTSE.

Im Kapitel über Hamburg hatten wir schon erzählt, dass die Stadt einen Seehafen besitzt, obwohl sie weit im Landesinneren liegt. Bevor die großen Seeschiffe vom Meer in den **Hamburger Hafen** einfahren können, müssen sie noch 144 Kilometer auf der Elbe zurücklegen. Die **Elbe** ist zwar recht breit, aber für die großen Schiffe nicht auf der ganzen Breite tief genug. Um nicht auf Grund zu laufen, also mit dem Schiff auf dem Grund des Flusses aufzusetzen, muss man den Fluss sehr gut kennen und das Schiff punktgenau steuern. Der Lotse hilft den Kapitänen dabei.

Wenn ein Schiff vom Meer kommt, wird es zuerst von Seelotsen bis zur Stadt Brunsbüttel dirigiert. Das ist der erste Teil der Strecke. In Brunsbüttel wird Leons Vater oder ein anderer seiner Elblotsenkollegen mit einem kleinen Schiff an dieses große Schiff herangefahren. Über die Lotsenleiter, die außen an jedem Schiff befestigt ist, steigt er an Bord. Zuerst begrüßt er den Kapitän und ein paar Mann der Besatzung und dann geht es an die Arbeit. Der Lotse berät den Kapitän bei der schwierigen Fahrt durch den Fluss. Das bedeutet, dass er sagt, welcher **Kurs** und welche **Geschwindigkeit** gefahren werden sollen. Mit »Kurs« ist die Richtung gemeint, in die das Schiff gelenkt wird.

Nun fragt ihr euch vielleicht, warum der **Kapitän** das nicht selber kann. Schließlich kennt er sein Schiff und es gibt Seekarten, Radar, Leuchttürme und viele andere Hilfsmittel. Das haben wir die Elblotsen auch gefragt. Heraus kam, dass ein Fluss wie die Elbe weitaus schwieriger zu befahren ist als

das offene Meer. Man muss den Untergrund des Flusses genau kennen, wissen, wo unter Wasser Täler und Berge sind, und die Strömung einschätzen können. Auch wenn es schneit, regnet, stürmt oder dicker Nebel über dem Fluss liegt, muss der Lotse den Weg noch finden. Und dabei natürlich auch den Gegenverkehr im Auge behalten. Wenn zwei große Pötte aneinander vorbeisollen, wird es auf dem Fluss nämlich ziemlich eng.

Der Elblotse orientiert sich an vielen Dingen: Es gibt Tonnen, die im Wasser verankert sind und die Fahrrinne begrenzen. Leuchttürme weisen den Weg. Der Lotse kennt die Gegend außerdem so gut, dass er sich auch an Kirchen und Bäumen am Ufer orientiert. Untiefen, also Stellen, die flacher und nicht tief genug sind, erkennt er daran, dass das Wasser sich dort anders bewegt. Und natürlich hat er auch moderne Hilfsmittel wie ein Radar zur Verfügung.

Um sich so genau in einem Revier, also in diesem Abschnitt der Elbe, auszukennen, braucht man viele Jahre Erfahrung. Elblotse wird man deshalb nicht von heute auf morgen. Man muss zuerst eine AUSBILDUNG ZUM KAPITÄN machen. Nur wer alle Schiffe fahren darf, kann Lotse werden. Vorher muss er aber als Kapitän mehrere Jahre auf See gewesen sein und Erfahrungen gesammelt haben. Dann gibt's noch eine ACHTMONATIGE SPEZIALAUSBILDUNG in dem Revier, durch das der Lotse fortan die Schiffe führen soll. Danach fängt man mit kleineren Schiffen an und arbeitet sich langsam an die größeren heran. Das dauert noch einmal vier Jahre. Bis der Lotse endlich allein jedes Schiff durch die

Elbe dirigieren darf, ist er oft schon zehn Jahre als Kapitän an Bord gewesen. Es sind also wirklich Spezialisten, die die Schiffe durch die Elbe dirigieren.

Lotsen gibt es an diesem Fluss schon seit dem 13. Jahrhundert. Damals gingen ortskundige Fischer an Bord der Schiffe, um ihnen auf dem Weg vom Meer zum Hafen zu helfen. Später organisierten sich die Lotsen in Brüderschaften. Eine Brüderschaft ist ein Zusammenschluss von Männern, die gemeinsame Interessen haben. In der **Lotsenbrüderschaft** haben sich alle Männer, die den gleichen Beruf haben, zusammengeschlossen. Sie stellen zum Beispiel Regeln für ihren Beruf, die Ausbildung und auch die Bezahlung auf.

»Brüder«, der Name lässt es schon erahnen – da ist kein Platz für Frauen. Und als Leon die Frage stellte, gab es tatsächlich noch keine Frau, die diesen Beruf ausübte. Wir wollten natürlich wissen, warum das so ist. Und erlebten zuerst einmal eine Überraschung: Seit dem 1. April 2008 wird die erste Kapitänin zur **Elblotsin** ausgebildet. Fortan ist also auch der Lotse kein reiner Männerberuf mehr. Dass es bislang nur Männer waren, erklärte man uns damit, dass Frauen früher nicht zur See gefahren sind. Frauen sind so neu in diesem Beruf, dass man noch nicht einmal einen Namen für sie hat. Wir haben uns deshalb erst einmal für »Lotsin« entschieden. Sicher ist man allerdings, dass die Lotsin Mitglied der Brüderschaft wird. Eine Schwesternschaft wird nicht gegründet.

Jetzt aber noch mal zurück zu Leons Vater: Der ist in Brunsbüttel an Bord gegangen und hat das Schiff in vier bis sechs Stunden sicher zum Hamburger Hafen dirigiert. An der Teufelsbrücke geht er von Bord und übergibt das Schiff an einen Kollegen. Der ist HAFENLOTSE und hilft nun dem Kapitän, durch den engen Hafen zu kommen und sicher anzulegen.

Da die Hafenlotsen nicht in der gleichen Brüderschaft wie die Seelotsen sind, hat Leon sie zu Recht nicht mitgezählt. Den Beruf seines Vaters, Seelotse, üben tatsächlich nur knapp 750 Männer (und nun auch eine Frau) aus. Zusätzlich gibt es noch ungefähr 100 Hafenlotsen in Deutschland.

So, die Frage nach diesem seltenen Beruf wäre beantwortet, und wir verabschieden uns mit den guten Wünschen, die der Lotse dem Kapitän mitgibt, wenn er das Schiff verlässt: »Have a nice trip.« Das ist Englisch und heißt übersetzt: »Gute Fahrt!«

Ein Lotse dirigiert ein Tankschiff durch die Elbe.

Sind Fastnacht und Karneval dasselbe und warum werden sie gefeiert?

»Alaaf« und »Helau«, liebe Närrinnen und Narren!

Was wir hier im Buch gerade so locker betreiben, kann einem im Karneval leicht zum Verhängnis werden. Wer in Mainz locker ein »Alaaf« in die Runde wirft oder in Köln mit »Helau« grüßt, der muss feststellen, dass viele Narren plötzlich ihre gute Laune verlieren und bierernst werden.

Die »tollen Tage« werden in den verschiedenen Regionen Deutschlands nämlich nach sehr unterschiedlichen Regeln gefeiert und an die sollte man sich halten. Sonst ist für manche schnell Schluss mit lustig. Die Unterschiede zeigen sich nicht nur bei den verschiedenen Ausrufen. Mal heißt das Fest KARNEVAL, mal FASTNACHT oder FASCHING. Wenn man sich dann noch die unterschiedlichen Kostüme und Bräuche anguckt, dann kann man sich kaum vorstellen, dass alle Feste den gleichen Ursprung haben.

Im SÜDEN DEUTSCHLANDS begegnen einem Hexen, Teufel, wilde Männer und alte Weiber auf der Straße. Sie tragen oft Holzmasken und Schellen, machen ein Heidenspektakel und sehen furchterregend aus. Im RHEINLAND dagegen trifft man kaum Angst einflößende Gestalten. Lappenclowns, Mönche, Prinzessinnen und Tanzmariechen gehen dafür in Karnevalssitzungen, auf Umzügen oder in der Kneipe ihrer Lieblingsbeschäftigung nach: einhaken und schunkeln. Das bedeutet, locker im Takt der Musik mit dem Körper von links nach rechts schwenken.

Auf den ersten Blick haben Karneval und Fastnacht also wenig gemeinsam. Betrachtet man aber den Ursprung der Worte, dann erkennt man doch Ähnlichkeiten. Woher der Begriff FASTNACHT wirklich kommt, weiß man nicht so genau: entweder von »fasen«, einem alten Wort für »närrisch sein«, oder vom »Fasten«. Dann ist die Fastnacht der Abend vor der Fastenzeit. **KARNEVAL** stammt vermutlich vom lateinischen »carnelevale« ab. Das bedeutet »Fleischentzug« und zeigt ebenfalls den Beginn der Fastenzeit an. **FASCHING** kommt vom mittelhochdeutschen »vastschanc« und bezeichnete das Ausschenken des Fastentrunks am Tag vor Aschermittwoch, dem Beginn der Fastenzeit.

Alle Begriffe bezeichnen also die Tage, bevor für katholische Christen die 40-tägige **FASTENZEIT** vor Ostern beginnt. Was uns überraschte, war, dass das wilde Treiben vor der Fastenzeit schon im Mittelalter mit Erlaubnis der katholischen Kirche stattfand.

Und das kam so: Weil es im Mittelalter weder Kühlschrank noch Gefriertruhen gab und man leicht verderbliche Lebensmittel nicht lange lagern konnte, musste vor der Fastenzeit alles aufgegessen werden. Fleisch, Milch, Käse, Eier und Schmalz kamen also vor Aschermittwoch auf den Tisch und es wurde noch einmal kräftig zugelangt. Bald veranstaltete man richtige Feste mit Musik, Tanz, Spielen und Trinkgelagen. Im Spätmittelalter kamen Maskenumzüge dazu.

Hinter einer Maske versteckt, war vieles möglich: Die feste Ordnung der Gesellschaft wurde auf den Kopf gestellt, Herren wurden zu Dienern und umgekehrt. Die Menschen sollten sich vor der Fastenzeit noch einmal richtig austoben und durften dafür sogar auf die andere, die teuflische Seite wechseln. Die Christen hatten im Mittelalter nämlich die Vorstellung, dass es zwei Welten gab, das »Reich Gottes« und das »Reich Satans«, also des **Teufels**. Im Karneval und Fasching wurden die Welten vertauscht. Kurzfristig lebte man die teuflische Seite aus und genoss Fleisch und Leckereien maßlos, um dann umso schuldbewusster Buße zu tun und zu fasten. Jedes Jahr am Aschermittwoch wurde den Menschen vor Augen geführt, dass das Reich Gottes über das des Teufels siegt. Deswegen mussten die Feste auch pünktlich zur Fastenzeit enden. Wer in den **Aschermittwoch** hineinfeierte und damit das Fasten brach, wurde streng bestraft.

An dieses Spiel mit dem Teufel erinnern die Masken, die man im Süden Deutschlands trägt. Es gibt dort viele Verkleidungen, die »böse« Gestalten wie Teufel, Hexen und wilde Männer darstellen. Erst später kam der Narr dazu. Auch das Verbrennen des »Nubbels« (Rheinland) und des »Hoppeditz« (Düsseldorf) am Ende des Karnevals knüpft an diese Traditionen an. Die beiden Strohpuppen verkörpern alle Laster und müssen deshalb in Flammen aufgehen.

Wer heute Karneval oder Fastnacht feiert, macht das, weil es einfach Spaß macht, sich zu verkleiden oder verkehrte Welt zu spielen. Rathäuser werden gestürmt, die Jecken übernehmen zum Spaß die Macht in den Städten und auf Umzügen und in Karnevalssitzungen lacht man über Politiker. Die meisten Feiernden genießen es, ein paar Tage lang nicht Hans oder Lieschen Müller, sondern Nonne, Cowboy oder Clown zu sein. Für alle Jecken gilt aber eine Regel, die an den christlichen Ursprung des Festes erinnert: Am Aschermittwoch ist alles vorbei!

Warum sagt man in Norddeutschland auch nachmittags »Moin, Moin«?

Wer das erste Mal in Norddeutschland zu Besuch ist, wundert sich vielleicht, wenn ihm nachmittags ein »Moin, Moin« als Begrüßung entgegenschallt. Der Morgen ist schließlich schon lange vorbei. Und selbst wenn man einen Norddeutschen um Mitternacht trifft, ändert sich nichts am »Moin, Moin«.

Da man dort also den ganzen Tag über mit **MOIN** grüßt, kann das Wort eigentlich nicht »Morgen« oder »Guten Morgen« bedeuten. Schließlich ist nicht davon auszugehen, dass alle Einwohner Norddeutschlands Probleme mit den Tageszeiten haben. Der Gruß muss etwas anderes bedeuten.

Bei unseren Nachforschungen hat sich herausgestellt, dass »Moin« eine Abkürzung von »Ick wünsch di een moien Dag« ist. Das heißt so viel wie: »Ich wünsche dir einen schönen Tag.« »Moien« bedeutet »schön« oder »gut« und wurde später verkürzt auf »Moin«. Mit »Moin, Moin« wünscht man sich also einen »Schönen (Tag)« – und das geht zu jeder Uhrzeit. Ein einfaches »Moin« ist der normale Gruß. »Moin, Moin« ist höflicher und wird auch oft als Antwort auf »Moin« verwendet. Wenn ihr also mit »Moin« begrüßt werdet, immer schön mit »Moin, Moin« antworten.

Mit »Moin« grüßt man sich in Hamburg und in allen Gebieten nördlich davon. Wenn man von dort quer durch Deutschland bis in den Süden reist, wird man feststellen, wie unterschiedlich sich die Menschen begrüßen. »Guten Tag« heißt in den verschiedenen Dialekten:

Tach, Juten Tach, Daach zesamme, Gun Dach, Dahch, Dahch ooch, Guddn Dahch, Gundach, Guude, Ei Guude, Daag, Grießgodd(le), Servus, Hobediäre.

Im Süden angekommen, hört man ein: GRIASS GOD, also »Grüß Gott«. Nur der Besucher aus den nördlicheren Regionen vermutet dahinter die Aufforderung, man solle Gott Grüße ausrichten. Wieder einmal handelt es sich um eine Kurzform für »Grüße dich Gott«. Und das bedeutet im übertragenen Sinn: »Gott segne dich.« Es ist also ein frommer Wunsch, mit dem man hier begrüßt wird.

Wenn man durch Deutschland reist, unterscheiden sich nicht nur die Begrüßungen. Neben dem Hochdeutschen sprechen die Einheimischen fast überall Dialekte, die die Fremden oft nicht im Ansatz verstehen. Um genau zu sein, sprechen sie nicht, sondern sie schnacken, quatschen, reden, schwätzen oder babbele.

DIALEKT bedeutet erst einmal nur, dass die Sprache vom Hochdeutschen abweicht. Dass es in Deutschland so viele Dialekte gibt, liegt unter anderem daran, dass dieses Gebiet im Mittelalter in viele kleine Herrschaftsgebiete eingeteilt war. Dort, wo lange Zeit ein Fürst herrschte, entstand nicht nur ein Zusammengehörigkeitsgefühl, sondern oft auch eine eigene Aussprache der Worte. Außerdem verändern sich Dialekte oft an natürlichen Grenzen wie Flüssen oder Gebirgen. Das waren Hindernisse, die früher nicht so leicht zu überwinden waren. Man lebte deshalb meist nur an einer Seite des Flusses oder Berges. Entsprechend entwickelte sich die Sprache rechts und links eines Flusses unterschiedlich.

Einfach wäre es, wenn man eine Karte hätte, auf der die genauen Grenzen der Dialekte eingezeichnet sind. Dann wüsste man, ah, hier endet das Bayerische und beginnt das Schwäbische oder Fränkische. Das Problem ist aber, dass es keine genauen Grenzen gibt. Wir haben euch auf der nächsten Seite zwei Karten abgedruckt, auf denen steht, wie die Worte »Junge« und »Mädchen« in verschiedenen Regionen Deutschlands ausgesprochen werden.

1. Beim Wort »Junge« spricht alles dafür, dass es eine klare Sprachgrenze gibt, die in der Mitte Deutschlands einmal quer von Westen nach Osten verläuft. Oberhalb sagen die Einheimischen »Junge« in verschiedenen Aussprachen, unterhalb heißt es »Bua«.

2. Wenn ihr euch dann aber die Karte zu »Mädchen« anguckt, stellt ihr fest, dass es keine feste Sprachgrenze in der Mitte Deutschlands gibt. Hier sieht man eine Dreiteilung: Im Norden heißt es »Deern«, südlicher »Mädchen« und ganz im Süden schließlich »Diandl«.

Das ist nicht nur bei »Junge« und »Mädchen« so, sondern bei fast allen Worten. Es gibt zwar grobe Einteilungen wie Westfälisch, Sächsisch, Hessisch, Rheinisch und so weiter, aber die Grenzen der Dialekte und ihrer Aussprache verlaufen fließend.

Bevor es jetzt aber immer komplizierter wird, verabschieden wir uns aus dem Wirrwarr der Dialekte und hoffen, dass unseren Abschiedsgruß jeder versteht: Tschüss!

Was ist Jodeln?

Ho-la-da-i-tio-jo, Ho-dra-eh-o, jo-hol-di-o-u-ri-a… Was ihr hier mit Mühe entziffert, ist ein typischer Jodeltext. Wobei Text schon das falsche Wort ist, denn jodeln findet ganz ohne Worte und Text statt. Es werden einfach Vokale, also a, e, i, o, u, und Konsonanten wie h, l, r, d, j aneinandergehängt.

Die einzelnen Silben werden nicht abgelesen und gesprochen, sondern gesungen. Jodeln ist also ein **Gesang**, bei dem es nicht auf den Inhalt des Textes, sondern nur auf die Melodie ankommt. Das Entscheidende beim Jodeln ist der schnelle Wechsel der Stimmhöhen. Der Jodler springt dabei immer wieder zwischen tiefer Brust- und hoher Kopfstimme hin und her.

Das klingt kompliziert und tatsächlich muss der Jodler dafür viel üben. Wenn ihr ganz normal ein Lied singt, so tut ihr das meist mit der **Bruststimme**. Das könnt ihr auch fühlen: Legt einfach beim Singen die Hand auf den Brustkorb. Ihr spürt ein Vibrieren. Die Töne, die ihr beim Singen mit den Stimmbändern erzeugt, werden in der Brust verstärkt und bringen den Brustkorb zum Schwingen.

Zum Vergleich singt jetzt einmal einen sehr hohen Ton. Ihr werdet merken, dass die Brust nicht mitschwingt und die Töne auch nicht so voll klingen. Das liegt daran, dass die Verstärkung bei diesen Tönen in der Mund- und Nasenhöhle stattfindet. Diese Stimme wird deshalb **Kopfstimme** genannt. Der Fachausdruck dafür ist »Falsett«. **Der Jodler wechselt sehr schnell zwischen den beiden Stimmen hin und her und dadurch entsteht der typische Jodelgesang.**

Beim Jodeln denkt man immer an Männer und Frauen in süddeutschen Trachten, die auf Volksfesten auftreten. Seinen Ursprung hat das Jodeln aber in der Einsamkeit der Berge. Als es noch keine Funkgeräte, Telefone und Handys gab, verständigten sich die **Viehhirten** so über die langen Entfernungen von Alm zu Alm. Wer einen Jodler hörte, wusste also zum Beispiel, wo sich ein anderer Hirte befand. Auch ihr Vieh lockten sie mit kurzen Jodlern von den Weiden zu sich heran. Das Jodeln waren damals allerdings eher kurze Jodelrufe, die nur aus wenigen Silben bestanden. Sie mussten vor allem klar verständlich und gut zu hören sein. Der Jodelgesang hat sich erst später daraus entwickelt.

Was ist der häufigste Nachname in Deutschland und was bedeutet er?

Wir machen es ein bisschen spannend, bevor wir den Sieger bekannt geben, und erzählen euch erst einmal, wie man ihn nicht findet.

Als Erstes haben wir beim STATISTISCHEN BUNDESAMT angerufen. Dort sammeln sie Zahlen zu allen möglichen Fragen: Wie viele Einwohner hat Deutschland?

Wie viele davon sind katholisch? Wie viele Kinder leben hier? Und welches war der kälteste Tag 1966? Wir dachten, wer so viel sammelt und zählt, kann uns bestimmt bei den Nachnamen helfen. Aber da haben wir uns geirrt: Nachnamen sammeln sie dort leider nicht.

Im **Internet** haben wir auch gesucht und gleich zwei Antworten auf die Frage gefunden. Welche Namen das waren, sagen wir immer noch nicht. Aber dieses Ergebnis war uns nicht eindeutig und sicher genug, so viel können wir verraten.

Deshalb haben wir uns auf die Suche nach einem **Fachmann** gemacht, herumtelefoniert und schließlich den Tipp bekommen, uns doch mal an die Universität Leipzig, Fachbereich **Onomastik**, zu wenden. Onomastik ... was das ist, mussten wir erst nachschlagen. Im Lexikon steht: Wissenschaft von der Erforschung der Namen. Bingo! Volltreffer!

Nur noch ein längeres Telefonat, und endlich können wir das Geheimnis um den häufigsten Nachnamen aufklären: Alle, die **Müller** heißen, haben gewonnen. Tätä!

Ungefähr **700 000** Menschen in Deutschland heißen mit Nachnamen Müller. Man kann diese Zahl nur schätzen, weil es kein Verzeichnis aller in Deutschland lebenden Menschen sortiert nach Nachnamen gibt. (Das hatte man uns beim Statistischen Bundesamt schon gesagt.) Deshalb verwenden die Forscher in Leipzig eine CD mit allen Telefonanschlüssen als Hilfsmittel. Von den ungefähr 82 Millionen

Bürgern in Deutschland haben 38 Millionen einen Telefonanschluss. 270 000 der verzeichneten Telefonanschlüsse laufen unter dem Namen Müller. Das bedeutet aber, dass es in Wirklichkeit sogar noch viel mehr Müllers gibt: Denn einige haben einfach keinen Telefonanschluss und konnten dadurch nicht ermittelt werden. Andere haben vielleicht Familie, da gibt es dann die Eltern und die drei Kinder Paul, Charlotte und Nikolas Müller, die zusammen aber nur ein Telefon haben. Die Forscher in Leipzig haben deshalb die Erfahrung gemacht, dass sie die Zahl der auf einen Namen verzeichneten Telefonanschlüsse mit 2,6 multiplizieren müssen, um auf die wirkliche Zahl der Müllers zu kommen.

Der Nachname, der »Müller« stark Konkurrenz macht, ist »Schmidt«. Es gibt zwar nur ungefähr 500 000 Menschen, die SCHMIDT heißen, aber der Name wird oft auch mit doppeltem »t«, also »Schmitt«, geschrieben. Schmitt heißen 110 000 Menschen in Deutschland. Alle Schmidt und Schmitts zusammengerechnet, macht **610 000**. Würde man dann noch Schreibweisen wie »Schmid« (96 000) dazunehmen, wären sie sogar die Sieger im Nachnamenrennen.

Aber nicht zu jeder Zeit gab es NACHNAMEN. **Früher waren die Dörfer klein und die Orte hatten höchstens 300 Einwohner. Da reichte ein Vorname völlig aus.** Wer Dietrich suchte, bekam gleich den Weg zum einzigen Dietrich des Ortes gezeigt. Wenn es mal zwei oder drei Heinrich gab, dann wurde man gefragt, ob man zu dem kleinen Heinrich, Heinrich dem Schmied oder Heinrich, Konrads Sohn, wolle.

Als im Mittelalter größere Städte entstanden und die Menschen dorthin zum Arbeiten gingen, gab es auf einmal in einem Ort viele Menschen mit gleichem Vornamen. Um sie zu unterscheiden, entwickelten sich mit der Zeit Beinamen. Die Namen Müller und Schmidt lassen bereits erahnen, wo viele der Namen ihren Ursprung haben: Es sind beides Berufsbezeichnungen. Der Müller betrieb eine Mühle und Schmidt leitet sich von Schmied ab. Auch Nachnamen wie Schneider, Fischer, Becker oder Weber weisen auf Berufe hin. Bauer war damals kein so häufig gewählter Beiname, weil es sehr viele Bauern gab und diese Bezeichnung deshalb bei der Unterscheidung nicht half. Manchen Namen sieht man ihre Herkunft heute nicht mehr direkt an. Die Vorfahren von Herrn Schwerdtfeger waren mittelalterliche Waffenschmiede und Frau Kretschmers Ahnen betrieben eine »krema«, das war eine Kneipe. Wenn es jetzt also mehrere Heinrich gab, konnte man sie am Beinamen auseinanderhalten.

Diese Beinamen leiteten sich aber nicht alle von Berufen ab. Gerade wurde in dem Dorf schon gefragt, ob der kleine Heinrich gesucht wird. Es waren also häufig auch Eigenschaften, die zum Beinamen führten. Gerhard Schwarz war schwarzhaarig, Dietmar Groß im Gegensatz zu Heinrich Klein von beeindruckender Statur und Konrad Naumann war der Neue im Ort. Wer heute Schiller heißt, bei dem schielte der erste Namensträger in der Familie.

Wenn es in der Stadt zwei Bäcker mit Vornamen Heinrich gab, dann verwendete man gerne die Herkunftsorte

zur Beschreibung. Also Heinrich der Hamburger und Heinrich von Nürnberg. Die Familien heißen heute mit Nachnamen Hamburger und Nürnberger. Heinrich konnte natürlich auch Friese oder Voigtländer sein oder beim Backhaus oder Kirchhof im Dorf wohnen.

Manchmal vergab man Namen auch nach der FAMILIE, aus der jemand stammte. Heinrich war Konrads Sohn. Daraus wurde verkürzt Heinrich Konrads oder Heinrich Konradsen. Das Ende -sen am Nachnamen ist die verkürzte Form von »Heinrich, Konrads Sohn«.

Die Herkunft einiger Nachnamen hat uns ganz besonders gut gefallen: Herr Himmelheber war zum Beispiel der Träger der Monstranz bei Prozessionen, wer Kindervater heißt, hatte einen Lehrer als Vorfahren, und in der Familie Schüttlohr gab es früher einen Raufbold, der andere kräftig an den Ohren packte und schüttelte. Alle, die Rescheiße mit Nachnamen heißen, müssen sich nicht genieren. Der Name hat nichts mit den Hinterlassenschaften der Wildtiere zu tun, sondern kommt von »Röscheisen«. Wer das Eisen röschte, also von Schlacke befreite, war ein Schmied.

Lange Zeit war der Beiname kein Name, den die ganze Familie trug. Der Sohn von Heinrich Müller, konnte also zum Beispiel Dietrich Koch heißen. Der zusätzliche Name half nur, die einzelnen Menschen mit gleichem Vornamen auseinanderzuhalten. Erst im 19. Jahrhundert gab es ein Gesetz, das festlegte, dass alle Familienmitglieder den gleichen Nachnamen tragen müssen. Also hieß Dietrich jetzt

Müller, weil sein Vater diesen Nachnamen trug. Dabei war es völlig egal, ob Dietrich von Beruf Koch war. Und auch die Frau, die Dietrich heiratete, hieß von nun an Müller.

Heute sind die Regeln wieder etwas gelockert: Wenn Mann und Frau heiraten, muss die Frau nicht mehr automatisch den Nachnamen des Mannes annehmen. Sie kann auch ihren Namen behalten oder beide können sich für den Namen der Frau entscheiden oder Doppelnamen tragen.

Zum Schluss interessierte uns noch, welches wohl der seltenste Nachname ist. Die Leipziger haben auch da einen Tipp für uns: »Scharath« ist vermutlich in Deutschland einzigartig. Der Name leitet sich vom germanischen Namen »Skar-hart« ab. Dahinter steckt das althochdeutsche Wort »skara«, was »Heerschar« bedeutet, oder das Wort »scar« für »schneidende Waffe« und »kernig, kräftig«.

Was ist die Schaffermahlzeit?

Zuerst einmal können wir mit der Schaffermahlzeit wieder einen neuen REKORD verkünden: Es ist das älteste, sich jährlich wiederholende FESTMAHL der Welt. Seit 1545 treffen sich jeden Februar in Bremen je 100 Kapitäne, Kaufleute und Gäste zu einer fünfstündigen Mahlzeit.

»Schaffen« bedeutet sowohl arbeiten als auch essen. Früher war die SCHAFFERMAHLZEIT ein Essen, das die Kaufleute für ihre Kapitäne ausrichteten, bevor diese nach der Winterpause wieder in See stachen. Man arbeitete, machte die Abrechnungen, plante die nächsten Fahrten und ließ es sich schmecken.

Die Schaffermahlzeit ist ein Brudermahl und damit eine reine Männerveranstaltung. Frauen hatten hier lange Zeit keinen Zutritt. Sie speisen traditionell in einem Nebenraum. Dass sich nur Männer zur Schaffermahlzeit treffen, lag zum einen daran, dass früher nur Männer Kapitäne und Kaufleute waren. Zum anderen hieß es aber auch, Frauen an Bord brächten Unglück über ein Schiff. Das ist natürlich Quatsch. Es gibt heute Kapitäninnen und deren Schiffe kommen überall genauso sicher an wie die der männlichen Kollegen. Dennoch ist die Schaffermahlzeit bis auf zwei Ausnahmen eine reine Männerveranstaltung geblieben. 2004 war zum ersten Mal eine Kapitänin dabei und 2007 wurde Bundeskanzlerin Angela Merkel als erster weiblicher Gast zur Mahlzeit eingeladen.

So ein traditionelles Essen verläuft nach festen, immer gleichen Regeln. Die Tische werden jedes Jahr in Form eines Dreizacks, also eines Stabes mit drei Spitzen, angeordnet. Neptun, der Gott des Meeres, trägt solch einen Dreizack. Auch beim Essen müssen sich die Herren nicht umgewöhnen, denn es gibt jedes Jahr dieselben Speisen. Aufgetischt werden einfache, derbe Gerichte wie Hühnersuppe, Stockfisch, Kalbsbraten, Braunkohl und Pinkel. Braunkohl heißt in anderen Gegenden Grünkohl, und Pinkel ist eine Art Wurst, die Fett, Zwiebeln, Hafergrütze und Gewürze enthält. In Bremen hat dieses Gericht Tradition. Für Theodor Heuss, den ersten Bundespräsidenten und Gast bei der Schaffermahlzeit, war es doch eher gewöhnungsbedürftig. Er soll gesagt haben: »Ich werd's ja essen. Aber sagt mir um Gottes willen, wie seid ihr Bremer darauf gekommen?«

Egal ob's schmeckt oder eher gewöhnungsbedürftig ist – alle Gäste empfinden es als große EHRE, zu diesem Festmahl kommen zu dürfen. Man macht sich schick und trägt Frack und Zylinder. Da verwundert die folgende Tischsitte umso mehr: Zu allen Gängen gibt es nur ein Besteck, das zwischendurch an der Serviette abgeputzt wird. Aber auch das hat natürlich einen geschichtlichen Hintergrund: Auf den Schiffen war es eng und jedes Besatzungsmitglied hatte deshalb nur ein Besteck. Weil hier Kaufleute Seefahrer einladen, geht es beim Besteck nicht anders zu als an Bord.

Wie selten und damit wertvoll Pfeffer und Salz früher waren, kann man bei der Schaffermahlzeit heute noch sehen. Jeder Teilnehmer hat neben sich zwei Tütchen liegen – ein goldfarbenes, in dem Pfeffer ist, und ein silberfarbenes, gefüllt mit Salz.

Als dritten Gang gibt es ein spezielles Bier, das nur für diese Mahlzeit gebraut wird. Es ist ein alkoholfreies, sehr nahrhaftes DUNKELBIER. Und natürlich hat auch das einen Hintergrund: Früher gab es auf langen Seereisen nicht genug frisches Obst und Gemüse an Bord. Die Seeleute litten an Vitaminmangel und wurden dadurch krank. Das nahrhafte Bier, vor der Abfahrt getrunken, sollte sie davor bewahren. Heute verstärkt es beim ein oder anderen Schaffer wohl eher den Kugelbauch.

Wo steht der höchste Maibaum Deutschlands?

Für alle Krimifreunde haben wir jetzt eine spannende Geschichte, in der – bis auf Mord – alles dabei ist: gewiefte Gauner, ein spektakulärer Raub, waghalsige Flugmanöver und natürlich ein Happy End!

Auf diese Geschichte stießen wir bei der Suche nach dem HÖCHSTEN MAIBAUM. Der steht nicht in einem hoch gelegenen Dorf, sondern tatsächlich auf dem höchsten Berg Deutschlands, der ZUGSPITZE (2969 m). Wie jeder Maibaum wurde er kurz vor dem 1. Mai von kräftigen, jungen Männern im Wald gefällt, danach entrindet und schließlich auf den Berg gebracht. Dort sollte er noch weiß-blau bemalt und geschmückt werden, bevor man ihn am 1. Mai feierlich aufstellen wollte.

Zum Brauch des Maibaumaufstellens gehört aber auch der MAIBAUMDIEBSTAHL. Kaum ist der Baum gefällt, droht ihm Gefahr durch die Männer der Nachbarorte. Ihr Ziel ist es, den Baum vor dem ersten Mai zu entwenden. Deshalb wird er versteckt, manchmal sogar angekettet und bewacht. Das Problem ist nur, dass auch die Maibaum-Wachen müde werden oder zu viel Bier getrunken haben, um sich die Zeit zu verkürzen. In solchen Momenten schlagen die Gegner dann zu. Ist es ihnen gelungen, den Baum zu klauen, beginnen Auslöseverhandlungen. Die Diebe verlangen meist eine Brotzeit, also Essen und Bier. Wenn die Bestohlenen einwilligen, wird der Baum zurückgebracht. Wenn nicht, wird er im Ort der Diebe neben dem eigenen Maibaum als »Schandbaum« aufgestellt oder landet im Feuer.

Als im Jahr 2004 der Maibaum auf der Zugspitze aufgestellt werden sollte, fürchteten die Mitarbeiter der Zugspitzbahn natürlich um ihn. Mehrere Tage hielten sie den Baum in der Pistenraupengarage versteckt. Kurz vor dem 1. Mai schien ihnen das Versteck nicht mehr sicher genug. Als die letzten Gäste mit der Bahn zurück ins Tal gefahren waren, gruben sie einen Graben und versenkten den blau-weiß bemalten Maibaum darin. Schnell wurde Schnee darübergeschippt und zur Tarnung noch einige Male mit einer Pistenraupe über die Stelle gefahren. Beruhigt begaben sich die Bewacher ins Tal.

Sie hatten allerdings vier rüstige Rentner übersehen. Versteckt warteten die, bis die Luft rein war, und suchten dann, mit Sonden ausgestattet, den Baum. Nach einer Stunde hatten sie ihn unter der schützenden Schneeschicht gefunden. Natürlich schaffen es vier Männer nicht, einen 20 Meter langen und 800 Kilo schweren Maibaum von der Zugspitze bis hinab ins Tal zu tragen. Aber sie hatten vorgesorgt: Auf ihr Kommando kam ein Helikopter herangeflogen, der Baum wurde an Seilen befestigt und ins Tal gebracht. Als am nächsten Morgen die Mitarbeiter der Zugspitzbahn vor dem leeren Schneeloch standen, trauten sie ihren Augen nicht.

Das Peinlichste, was einem mit einem Maibaum passieren kann, war geschehen: Er war geraubt.

Alle Zeitungen berichteten über den Coup der vier Rentner. Und wie es beim Maibaumdiebstahl üblich ist, begannen die AUSLÖSEVERHANDLUNGEN. Die vier Diebe stellten hohe Auslöseforderungen: vier Saisonkarten für die Benutzung der Zugspitzbahnen, dazu vier Brotzeiten und Bier sollte der Baum kosten. Man verhandelte auf höchster Ebene direkt mit Luitpolt Prinz von Bayern, der den Baum gestiftet hatte. Lange ging es hin und her, und es war zuerst nicht klar, ob der Baum rechtzeitig zum 1. Mai auf dem Berg zurück sein würde. Schließlich einigte man sich darauf, den Maibaum gegen 150 Brotzeiten und 100 halbe Bier auszutauschen. Und die Zugspitzbahnen mussten den Baum auf ihre Kosten wieder mit dem Helikopter auf den Berg zurückbringen. Auf der Zugspitze gab es so am 1. Mai 2004 doch noch ein Happy End: Der festlich geschmückte Baum konnte pünktlich aufgestellt werden.

Gerade noch rechtzeitig wird der Maibaum am 1. Mai 2004 auf der Zugspitze aufgestellt.

Maibäume werden nicht nur im Süden Deutschlands gesetzt und geraubt, den Brauch gibt es auch im Norden Deutschlands, zum Beispiel in Ostfriesland. Im Rheinland wird er etwas anders ausgeübt: Hier stellen junge Männer mit bunten Kreppbändern geschmückte Birken vor die Fenster ihrer Angebeteten. Aber auch sie müssen den Baum die ganze Nacht bewachen, denn vor Dieben ist auch er nicht sicher. Diejenige, die am Morgen statt einer Birke eine TANNE oder KIRSCHE vor ihrem Fenster findet, hat allerdings Pech gehabt. Das bedeutet nämlich, dass ihr Exfreund richtig sauer auf sie ist, weil sie ihn verlassen hat. Das ist dann kein Happy End, aber das hatten wir ja auch nur für den Maibaum auf der Zugspitze versprochen.

Wie viele verschiedene Tierarten leben in Deutschland?

Überlegt einmal, wie viele verschiedene, in Deutschland lebende Tiere ihr kennt und aufzählen könnt. Wir haben das mal versucht und ohne nachzugucken kam keiner über 100. Die Besten unter euch schaffen vielleicht noch einige mehr. Aber als wir die richtige Zahl von 48 000 TIERARTEN erfuhren, waren wir doch ziemlich überrascht.

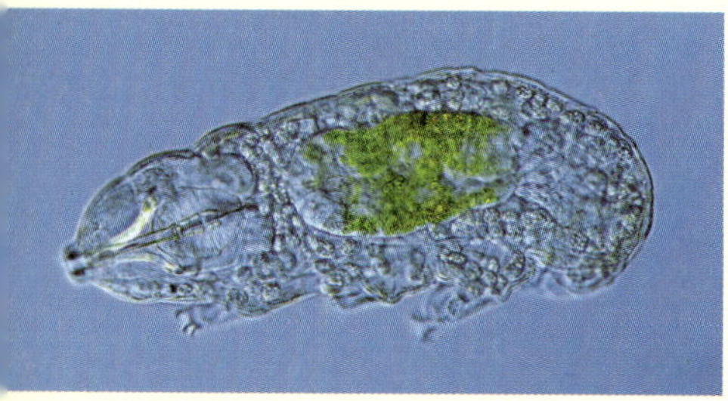

Bärtierchen

Dass wir nur so wenige Tiere nennen konnten, liegt unter anderem daran, dass wir Exemplare wie dieses BÄRTIERCHEN nicht kennen. Ein wenig ähneln sie in ihrem Aussehen tatsächlich Bären. Nur mit der Größe kommt es nicht ganz hin: Die Bärtierchen sind gerade einmal 1,5 Millimeter groß und leben im Wasser. Vermutlich ist das auch der Grund, warum wir sie noch nie gesehen haben.

Und wie den Bärtierchen ergeht es vielen der 48 000 Tierarten. Wir nehmen sie gar nicht wahr. Entweder weil sie so unscheinbar wie die 2000 verschiedenen Fadenwürmerarten sind oder so selten wie der Luchs.

Mit über 33 000 verschiedenen Arten führen die INSEKTEN die Liste der Tiere in Deutschland mit großem Vorsprung an. Es gibt zum Beispiel sehr viele verschiedene Käfer, Mücken, Fliegen, Hummeln, Bienen und Wespen. Im Vergleich dazu gibt es nur 703 Arten von WIRBELTIEREN. Davon sind Vögel (314) und Knochenfische (227) mit Abstand die größten Gruppen. Von den Säugetieren gibt es in Deutschland nur 91 Arten. Zum Vergleich: In Indonesien leben 500 verschiedene Säugetierarten.

Auch verglichen mit insgesamt **1500 000 Tierarten**, die es auf der GANZEN ERDE gibt, sieht die Zahl der in Deutschland lebenden Tiere schon wieder klein aus.

→ Von den in Deutschland lebenden 48 000 Tierarten ist nur die Hälfte ungefährdet. Viele Tierarten gelten als bedroht oder sind sogar kurz davor auszusterben. Eine davon ist die Flussperlmuschel. Sie lebt nur noch in wenigen, sehr sauberen Bächen. Früher sammelten die Menschen diese Muscheln, weil man in ihnen manchmal die wertvollen Flussperlen fand.

Auch der WILDKATZE wird es in Deutschland zu eng. Sie braucht große zusammenhängende Waldflächen, durch die sie streifen und in denen sie jagen kann. Weil viele Wälder von Straßen zerschnitten werden, wird ihr Revier zu klein. Außerdem benötigen Wildkatzen Mischwälder mit Baumhöhlen, Wurzeln und abgestorbenes Geäst als Versteck für sich und ihre Jungen. Da aber in vielen Wäldern das Unterholz fehlt, finden sie keine geeigneten Verstecke mehr.

Wildkatze

Dass es so viele gefährdete Tierarten gibt, liegt vor allem daran, dass wir Menschen ihnen die Lebensräume wegnehmen. Moore werden entwässert, um auf dem Boden Getreide und Gemüse anbauen zu können. Es gibt kaum mehr natürlich wachsende Urwälder. Und die Flüsse werden begradigt, wodurch zum Beispiel Fische ihre Laichplätze verlieren.

Um die Tiere zu schützen, müssen wir ihre Lebensräume erhalten. Und die Tiere erst einmal kennenlernen – natürlich nicht gleich alle 48 000 Arten. Aber wer sich beim nächsten Waldspaziergang ein bisschen genauer umguckt, vielleicht auch mal Laub hochhebt, der entdeckt darunter bestimmt das ein oder andere interessante Tier.

Welches Tier ist am giftigsten?

Zunächst eine beruhigende Nachricht: In Deutschland gibt es kein Tier, dessen Gift für einen gesunden Menschen tödlich ist. Es gibt allerdings einige Gesellen, denen sollte man dennoch nicht zu nahe kommen, denn ihr Gift macht krank und bereitet manchmal höllische Schmerzen.

Kreuzotter

Alle Experten, die wir gefragt haben, waren sich einig, dass die KREUZOTTER das giftigste Tier Deutschlands ist. Die Schlange ist 35 bis 70 Zentimeter lang. Man erkennt sie gut an ihrem dunklen Zickzackmuster auf hellem Untergrund.

Ihr Gift befindet sich in den Zähnen. Die liegen normalerweise nach hinten abgeklappt im Mund, richten sich aber auf, wenn die Schlange den Mund öffnet und zubeißt. Mit dem Gift tötet die Kreuzotter ihre Beute. Sie jagt vor allem Mäuse, Frösche und Eidechsen. Menschen müssen keine Angst haben, von der Schlange angegriffen zu werden. Wir sind viel zu groß und deshalb keine Beute für die Kreuzotter. Im Gegenteil: Sie ist so scheu, dass sie sich sogar zurückzieht, wenn sie Menschen kommen hört. Eine Kreuzotter beißt Menschen nur, wenn sie sich bedroht fühlt und keine Fluchtmöglichkeit hat. Das passiert zum Beispiel, wenn man aus Versehen auf die Schlange tritt oder beim Beerenpflücken mit der Hand nach ihr greift.

Den Biss selbst bemerken einige gar nicht, bei anderen schmerzt er ungefähr so stark wie ein Wespenstich. Es entstehen aber oft starke Schwellungen um die Bissstelle herum. Vielen wird nach dem Schlangenbiss übel, sie müssen erbrechen und bekommen Krämpfe. Wer von einer Kreuzotter gebissen wurde, sollte zum Arzt gehen und nicht alte Hausmittel wie Aussaugen oder Abbinden des Bisses anwenden. Das schadet eher.

Nun müsst ihr euch aber keine Sorgen machen, dass an jeder Ecke eine Kreuzotter liegen könnte. Man sagte uns, dass man sich eher Sorgen um die Kreuzotter machen müsste, die immer seltener wird. Wer außerdem ein paar einfache Regeln beachtet, der wird mit ziemlicher Sicherheit nicht gebissen: Tragt bei Spaziergängen feste Schuhe und lange Hosen. Mit ihren Zähnen kommt die Kreuzotter nämlich nicht durch Leder und Stoff. Beim Sammeln von Beeren und Pilzen guckt einfach genau hin. Und wie gesagt: Meist flüchtet die Schlange schon, wenn sie euch kommen hört.

Die Kreuzotter ist das Tier, das das stärkste Gift hat. Mehr Schmerzen bereitet aber der Kontakt mit dem Gift eines anderen Tieres, das einen ganz harmlosen Namen trägt: das PETERMÄNNCHEN.

Petermännchen

Es ist ein Fisch, der in der Nordsee lebt. Um sich vor seiner Beute zu tarnen, gräbt sich das Petermännchen in den sandigen Meeresgrund ein. Ist ein Fisch nah genug herangeschwommen, schießt das Petermännchen aus seiner Tarnung hervor und tötet ihn. Dafür benötigt das Petermännchen aber kein Gift. Beim Jagen beißt es einfach zu. Das Gift dient nur der Selbstverteidigung. Und da beginnt das Problem für uns Menschen: Oft sieht man das eingegrabene und gut getarnte Petermännchen im flachen Wasser nicht und tritt unbeabsichtigt darauf. An den Kiemen und der Rückenflosse des Fisches befinden sich Stacheln, die das Gift enthalten. Wenn sich einer dieser Stacheln in die Haut bohrt, dann verursacht das Gift höllische Schmerzen. Ein Angler erzählte uns, dass er einmal ein Petermännchen gefangen hatte und es mit der Hand von der Angel abnehmen wollte. Das Gift wirkte sofort, die Hand schwoll an und er schrie mehrere Stunden vor Schmerzen. Das Einzige, was in einem solchen Fall hilft, ist das Eintauchen der verletzten Stelle in sehr warmes Wasser. Das Gift besteht nämlich aus Eiweißen, die keine Hitze vertragen. Die Wärme zerstört das Gift in der Haut.

Es gibt noch einige andere Tiere in Deutschland, die giftig sind. Meist ist aber ihr Ruf schlimmer als die Wirkung des Giftes. Die Kreuzspinne gehört zum Beispiel dazu. Sie gibt zwar beim Biss etwas Gift ab, es ist aber so wenig, dass es nicht krank macht.

Bienen-, Wespen- und Hornissenstiche schmerzen am Anfang oft sehr. Sie sind aber harmlos. Mit einer Ausnahme: Für diejenigen, die eine Bienengiftallergie haben, kann der Stich der Insekten lebensgefährlich sein. Sie müssen sofort mit Medikamenten behandelt werden.

Das ist aber zum Glück die Ausnahme, und so bleibt es dabei, dass wir in Deutschland keine Angst vor giftigen Tieren haben müssen.

Was ist am Wattenmeer so einmalig?

Obwohl die Erde sehr groß ist, gibt es manche Landschaften nur einmal. Sie sind also wirklich etwas ganz Besonderes. Eine dieser einzigartigen Landschaften ist die WATTENMEERKÜSTE an der NORDSEE. Hier ist das Land sehr flach, und Ebbe und Flut, also abfließendes und ansteigendes Meerwasser, wechseln sich regelmäßig ab. Sie formen die Küste immer wieder neu.

Das funktioniert so: Mit dem Hochwasser, also der FLUT, spült das Meer Sand und Schlick an. Weil das überspülte Land flach ist, fließt das Wasser bei EBBE nur langsam ab, und Sand und Schlick haben Zeit, sich auf dem Boden abzusetzen. Es bleiben ABLAGERUNGEN zurück und dadurch wächst der Boden jedes Jahr um ungefähr einen Zentimeter.

Irgendwann hat sich so viel Schlick abgelagert, dass nicht mehr jede Flut das Land überspült. So entsteht am Rand der Küste langsam neues Festland. Weil das salzige Meerwasser aber immer noch ab und an das Land überflutet, ist der Boden hier sehr salzhaltig. Auf diesen Salzwiesen wachsen nur wenige, aber dafür sehr spezialisierte Pflanzen und auch nur bestimmte Tiere können hier überleben.

Das Land, das bei jeder Ebbe frei liegt und bei jeder Flut überspült wird, nennt man WATT. Einzigartig ist die Wattenmeerküste also durch ihre Entstehung und durch die Pflanzen und Tiere, die hier leben.

Leuchtturm von Westerhever bei Ebbe

Der gleiche Leuchtturm bei Flut

Seehundjunges

Einige der Tiere, die sich auf diesen besonderen Lebensraum spezialisiert haben, wollen wir euch näher vorstellen. Die bekanntesten sind vermutlich die SEEHUNDE. Sie kommen jeden Sommer auf die Sandbänke, um ihre Jungen zu gebären. Nur bei Ebbe, also dann, wenn die Sandbänke frei liegen, werden die Seehundbabys geboren. Schon bei der nächsten Flut, wenige Stunden später, gehen die jungen Seehunde mit der Mutter ins Wasser. Die Sandbänke bleiben für die Seehunde aber noch vier bis sechs Wochen nach der Geburt überlebenswichtig, weil die Jungen nur hier bei jeder Ebbe von ihren Müttern gesäugt werden.

!

Es gibt noch zwei weitere Säugetiere im Wattenmeer, die man aber seltener zu Gesicht bekommt. Es sind die KEGELROBBE und der SCHWEINSWAL. Letzterer ist einer der kleinsten Wale überhaupt.

Von einem viel kleineren, aber sehr wichtigen Wattbewohner findet man bei Ebbe erst einmal die wie Wollfäden geringelten Kothaufen. Sie liegen so dicht beieinander, dass man es gar nicht vermeiden kann, hineinzutreten. Das ist aber kein Grund, gleich angeekelt das Watt zu verlassen. Die Haufen bestehen nämlich aus reinem Sand. Der WATTWURM verursacht sie. Er lebt in einem Gang unter der Erde und frisst den ganzen Tag Wattboden in sich hinein. Außer Sand enthält der auch Bakterien und abgestorbene Pflanzen- und Tierreste. Die filtert der Wattwurm bei der Verdauung heraus und übrig bleibt der gesäuberte Sand. Den schiebt er einmal am Tag aus seinem Gang nach oben. So entstehen die gar nicht ekeligen Wattwurmsandhaufen.

Neben verschiedenen Würmern gibt es noch viele andere kleine Tiere im Watt. Krebse und Muscheln zum Beispiel. Oft findet man von den Muscheln nur noch die geöffneten Schalen im Sand. Ihr Fleisch haben Vögel gefressen, für die Muscheln eine Leibspeise sind. Einer davon ist der AUSTERNFISCHER, der, anders als sein Name vermuten lässt, gar nicht auf Austern spezialisiert ist. Er frisst viel lieber Miesmuscheln, die er geschickt mit seinem Schnabel öffnet. Wegen seines schwarz-weißen Gefieders und der roten Beine hat er übrigens zwei Spitznamen: Ostfriesenstorch und Halligstorch. Mit den Störchen hat er dennoch nichts zu tun.

Austernfischer

Der Austernfischer ist natürlich nicht der einzige Vogel im Wattenmeer. Hier gibt es große Vogelschutzgebiete, in denen Möwen, Seeschwalben, Schneeammern, Kornweihen, Enten, → Gänse und viele mehr nach Futter suchen. Die Vogelschutzgebiete darf man nicht betreten, damit die Vögel ungestört sind und in Ruhe ihre Jungen aufziehen können. Bei Wattwanderungen aber bekommt ihr viele der Tiere gezeigt und könnt bei Ebbe barfuß über den Meeresboden laufen.

Natürlich gibt es außer dem Wattenmeer noch andere besonders schöne und interessante Landschaften in Deutschland. Einige haben wir schon vorgestellt, und wer mehr über sie wissen möchte, blättert am besten einmal zu den angegebenen Länderkapiteln zurück:

- die Insel Helgoland mit ihrer steilen roten Felsküste und dem Vogelfelsen SCHLESWIG-HOLSTEIN,
- das aus Vulkanen entstandene Siebengebirge und die Eifel NORDRHEIN-WESTFALEN,
- die Kreidefelsen auf Rügen MECKLENBURG-VORPOMMERN,
- die Grube Messel, in der man versteinerte Urtiere finden kann HESSEN,
- die von der Eiszeit geformte Mecklenburgische Seenlandschaft MECKLENBURG-VORPOMMERN,
- das Elbsandsteingebirge SACHSEN,
- tiefe Schluchten wie die Höllentalklamm und die Breitachklamm FRAGE: »WO IST DIE TIEFSTE SCHLUCHT?«,
- die Saar, die fast eine 180°-Kurve macht (Saarschleife) SAARLAND
- und der Geysir von Andernach RHEINLAND-PFALZ.

Wo gibt es in Deutschland den meisten Regen und wo scheint am häufigsten die Sonne?

Manchmal, wenn es tagelang wieder nur Bindfäden regnet und die Gummistiefel im Dauereinsatz sind, fragt man sich, ob es nicht besser wäre, in einer anderen Ecke Deutschlands zu wohnen. Dort, wo jeden Tag die Sonne scheint und es höchstens ab und an und dann natürlich auch nur nachts regnet.

Wenn man sich die Wetterdaten ansieht, dann könnten sich die Menschen in BALDERSCHWANG im Allgäu (BAYERN) diese Frage des Öfteren gestellt haben. Dort gibt es nämlich den meisten Niederschlag im Jahr. Niederschlag, das sind Regen und Schnee. Auf einen Quadratmeter – das ist ein rechteckiges Feld, dessen Seiten jeweils einen Meter lang sind – fallen hier jedes Jahr durchschnittlich 2450 Liter Niederschlag. Diese Menge würde 245 Wassereimer randvoll füllen. Und auch den absoluten Rekord hält Balderschwang. 1970 gab es hier 3503 Liter Regen und Schnee. Das ist eine ganze Menge im Vergleich zum trockensten Ort in Deutschland. Das ist ATZENDORF in SACHSEN-ANHALT. Dort werden jedes Jahr durchschnittlich nur 399 Liter pro Quadratmeter gemessen.

Obwohl es in Balderschwang so viel regnet und schneit, scheint sich keiner der knapp 250 Einwohner des Ortes mit Umzugsgedanken zu beschäftigen. Das könnte daran liegen, dass im Winter der Niederschlag als Schnee fällt und damit Skifahren und Rodeln gesichert sind. Vielleicht haben sich die Balderschwanger aber auch an den sommerlichen Regen gewöhnt und möchten gar nicht in einem Ort wie Atzendorf leben. Dort ist es oft so trocken, dass die Bauern ihre Felder bewässern müssen, damit die Ernte nicht vertrocknet.

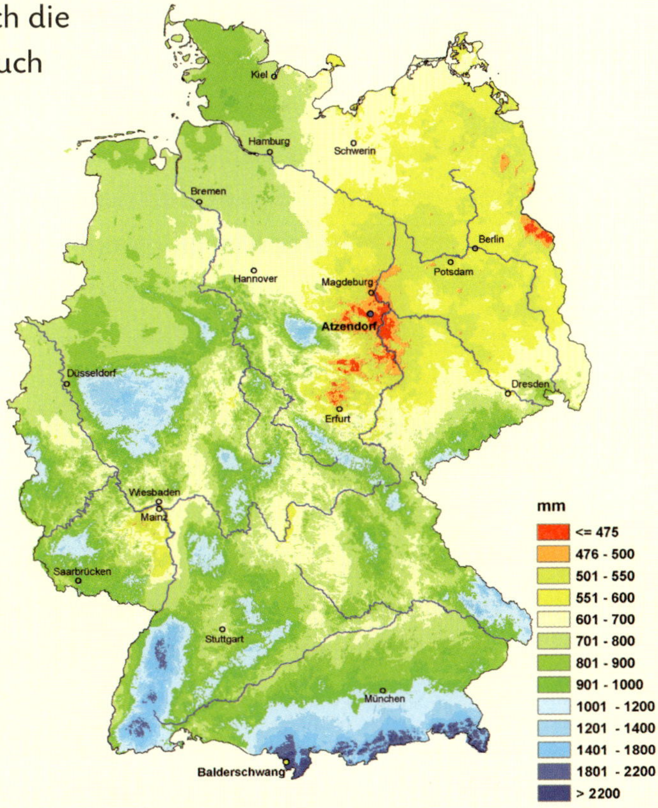

Verteilung der Niederschläge in Deutschland

Der Deutsche Wetterdienst misst seit vielen Jahren regelmäßig die Niederschläge in ganz Deutschland.

Aus den Ergebnissen erstellt er dann Karten, aus denen man ablesen kann, wie viel es in den verschiedenen Regionen regnet und schneit.

Wenn man sich die Gebiete um Balderschwang und Atzendorf in der Karte ansieht, dann stellt man fest, dass es im Allgäu und den Alpen insgesamt sehr viele Niederschläge gibt und die Gegend um Atzendorf, die Magdeburger Börde, sehr trocken ist.

Die großen Niederschläge in den Bergen um Balderschwang entstehen zum einen, weil der Wind gegen die Berghänge drückt und dadurch die Luft staut. Sie steigt an den Hängen nach oben, kühlt sich ab und bildet Wolken, aus denen es regnet und schneit. Zum andern erwärmen sich die Hänge im Sommer besonders schnell, sodass rasch Aufwinde und in ihrer Folge Schauer und Gewitter entstehen. Das ist zugegebenermaßen etwas kompliziert. Aber wer wissen will, wie das genau funktioniert, sollte das nächste Kapitel zum FÖHN lesen.

Das Gebiet um Atzendorf ist viel trockener. Das liegt daran, dass der Ort nicht in den Bergen, sondern im Flachland liegt. Dort gibt es generell weniger Niederschläge. Atzendorf befindet sich zwar in der Nähe eines Gebirges, nämlich des Harzes, bekommt aber nur wenige Niederschläge ab, weil sich der Ort auf der vom Wind abgewandten Seite des Gebirges befindet. In diesem Fall bilden sich also auf der anderen Seite die Wolken und regnen sich dort ab. Nach Atzendorf kommt über die Berge nur relativ trockene Luft.

Am wenigsten Regen bedeutet aber nicht automatisch auch am meisten Sonne. Den Rekord an Sonnenstunden hält Zinnowitz auf der Insel Usedom. Hier scheint die Sonne im Durchschnitt an 1917 Stunden im Jahr. Das liegt an dem trockenen, kühlen Wind, der von der Ostsee kommt und die Wolken im Sommer auflöst. So kann die Sonne ungehindert scheinen. Deutlich seltener sehen die Bürger von Ruhpolding in Oberbayern die Sonne. Ihnen lacht sie nur 1159 Stunden im Jahr. Daran sind die Wolken, die sich in den Alpen bilden, schuld. Außerdem wirft das große Gebirge lange Schatten.

Regen- und Sonnenmengen in Deutschland hätten wir geklärt, aber für alle Liebhaber von Wetterrekorden haben wir noch ein paar Spitzenreiter herausgesucht:

- Die höchste Temperatur wurde mit 40,2° C gleich in drei Orten gemessen: 1983 in Gärmersdorf (Oberpfalz) und 2003 in Freiburg und Karlsruhe.

- Am kältesten war es 1929 in Hüll (Oberbayern) mit – 37,8° C.

- Nimmt man nicht nur den höchsten oder niedrigsten Temperaturwert, sondern den Durchschnitt aller Werte eines Jahres, dann ist Duisburg der wärmste und die Zugspitze der kälteste Ort Deutschlands. In Duisburg liegt die Durchschnittstemperatur bei 10,9° C, was vor allem an den milden Wintern liegt. Auf der Zugspitze sind es dagegen durchschnittlich nur – 4,8° C.

Was ist Föhn und wo in Deutschland gibt es ihn?

Wer einen Fön, also einen Haartrockner, zu Hause hat und ihn anstellt, der ist schon auf dem richtigen Weg zur Lösung der Frage, was es denn mit dem Föhn – mit »h« – auf sich hat. Wenn ihr die Hand vor den Haartrockner haltet, spürt ihr einen warmen Wind – und genau darum geht es auch beim Föhn.

Der FÖHN ist ein WETTERPHÄNOMEN und findet draußen statt, genau genommen in den Alpen. Die Alpen sind das höchste Gebirge in Mitteleuropa und liegen im Süden Deutschlands – das wisst ihr ja schon. Wie dort der Föhn entsteht, dafür haben Wissenschaftler unterschiedliche Erklärungen. Wir stellen euch eine Auffassung vor, die von vielen Fachleuten vertreten wird.

Dafür begeben wir uns zuerst auf die Südseite der **Alpen**. Hier strömt Luft, die vom Mittelmeer mit relativ viel Feuchtigkeit durchsetzt ist, gegen die Berge. Wie schon im letzten Kapitel beschrieben, staut sich die Luft am Gebirge und muss deshalb nach oben ausweichen. Je höher sie kommt, desto mehr kühlt sich die Luft ab. Sie wird alle hundert Meter ungefähr 0,6°C kälter.

Die Feuchtigkeit in der Luft, also der Wasserdampf, wird durch die abnehmende Temperatur zu Wassertropfen. Wie aus Wasserdampf Wassertropfen werden, könnt ihr zu Hause leicht ausprobieren. Da man für den Versuch kochendes Wasser benötigt, sollte immer ein Erwachsener dabei sein. Als Erstes füllt ihr Wasser in einen Topf und bringt es auf dem Herd zum Kochen. Wenn das Wasser kocht, steigt heiße Luft mit viel Wasserdampf auf. Legt jetzt einen Glasdeckel auf den Topf. Durch das Glas könnt ihr sehen, dass sich am kalten Deckel sofort Wassertropfen bilden. Die niedrigere Temperatur des Deckels lässt aus gasförmigem Wasserdampf also wieder flüssige Wassertropfen werden.

Zurück zu unserem Ausgangspunkt, der Südseite der Alpen: Wenn sich Luft, die Wasserdampf enthält, beim Aufsteigen an den Bergen abkühlt, passiert dasselbe wie in unserem Kochtopf. Es bilden sich kleine Wassertropfen und weiter oben, wo es noch kälter ist, auch Eiskristalle. Weil es so viele sind, entstehen **Wolken**. Die Eiskristalle haken sich zu Schneeflocken zusammen und fallen wieder nach unten, wo sie schmelzen und als **Regen** auf der Südseite der Alpen am Boden ankommen.

Wenn die Luft die Gipfel der Alpen erreicht, dann hat sie einen Großteil der Feuchtigkeit verloren, da sich viele Wolken gebildet haben und es die ganze Zeit kräftig geregnet hat. Die Luft, die den höchsten Punkt des Gebirges überwindet und auf der Nordseite der Alpen Richtung Tal fließt, ist deswegen ziemlich trocken. Wenn diese Luft ins Tal absinkt, erwärmt sie sich wieder. TROCKENE LUFT erwärmt sich schneller als feuchte, weshalb sie nun alle hundert Meter um ein Grad wärmer wird. Ihr erinnert euch: Beim Aufsteigen auf der anderen Seite der Berge hat sie sich alle hundert Meter nur um 0,6 Grad abgekühlt. Wenn die Luft beim Aufsteigen weniger abkühlt, als sie sich beim anschließenden Absteigen erwärmt, folgt daraus, dass die Luft wärmer im nördlichen Tal ankommt, als sie im südlichen Tal gestartet ist.

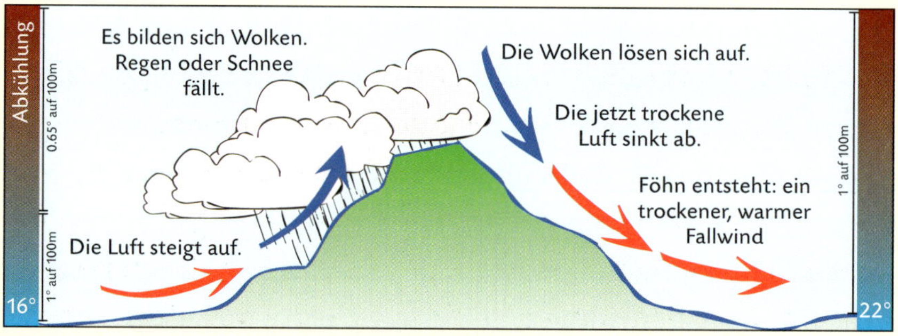

So entsteht Föhn.

Dieser warme, trockene Wind, der auf der anderen Seite der Alpen ins Tal fällt, heißt FÖHN. Man kann ihn bereits aus der Ferne erkennen. Typisch sind zum Beispiel zwei Wolkenbildungen: die Föhnmauer und die Föhnfische. Die FÖHNMAUER ist eine Wolkenwand, die genau über dem Gipfel des Gebirges klar abgegrenzt steht. Über der Föhnmauer ist der Himmel meist blau. FÖHNFISCHE sind Wolken, deren ovale Form an den Körper von Fischen erinnert – ohne Kopf und Flossen. An den Föhnfischen kann man ablesen, wann der Föhn endet. Wenn die Föhnfische ihre Form verlieren und zu einer Wolke zusammenwachsen, hört der Föhn auf.

Da die Luft bei Föhn sehr trocken ist, kann man besonders weit gucken. Auch daran erkennt man manchmal schon aus Entfernungen von bis zu 200 Kilometern, dass es in den Alpen gerade WARME, TROCKENE FALLWINDE gibt.

Föhnfisch vor Föhnmauer

Föhn gibt es zwar meistens auf der Nordseite der Alpen, aber er kann auch auf deren Südseite entstehen. Wichtig ist nur, dass es sich dabei um warme, trockene Fallwinde auf der windabgewandten Seite eines hohen Gebirges handelt. Dieses Wetterphänomen entsteht nicht nur in den Alpen, sondern auch an anderen Gebirgen. Dort hat es dann meist einen anderen Namen, wie zum Beispiel der CHINOOK in den Rocky Mountains (Amerika) oder die ZONDA in den Anden (Argentinien).

Übrigens: Die Idee, ihren Haartrockner wegen des warmen Windes »Fön« zu nennen, hatte eine deutsche Firma 1908. Heute wird sogar auch dieser Haartrockner gerne mit »h«, also »Föhn« geschrieben. Genauso wie das Wetterphänomen.

Auf welcher Kirche sitzt ein goldener Spatz?

Den gesuchten Vogel haben wir auf dem **ULMER MÜNSTER** gefunden. Allerdings ergab sich bei näherem Hinsehen, dass er gar nicht golden ist. Auch konnte nicht geklärt werden, ob es sich dabei tatsächlich um einen Spatz handelt. Das Ganze hört sich erst einmal ziemlich verwirrend an. Deswegen der Reihe nach.

Zuerst zur Farbe: Der Vogel, der heute auf dem Dach des Ulmer Münsters sitzt, ist aus **KUPFER** hergestellt und deshalb rotbraun. Allerdings hatte man den Kupferkörper 1889, als der Vogel angefertigt wurde, mit einer **Goldschicht** überzogen. Die hat sich im Laufe der Zeit jedoch abgelöst und heute ist nur noch der kupferfarbene Körper zu sehen. »Golden« ist also nicht ganz falsch, denn seinen Namen bekam der Vogel schon damals, vor mehr als 100 Jahren, als er noch golden war.

Mit dem Spatz ist es etwas schwieriger. Der Vogel, der heute auf dem Dach des Ulmer Münsters sitzt, ist nicht der erste, sondern der dritte Vogel dieser evangelischen Kirche. Und bei seinen Vorgängern wird bezweifelt, dass es sich um Spatzen gehandelt hat. Der erste Vogel wird 1550 zum ersten Mal beschrieben und saß vermutlich schon seit 1471 auf dem Münster. Angeblich soll er an der Stelle auf dem Dach gesessen haben, wo sich damals die Mitte der Stadt Ulm befand. Es wird vermutet, dass der Vogel entweder einen Adler oder eine Taube darstellte. Für den **Adler** spricht, dass er das Wappen der freien Reichsstadt Ulm zierte. Die **Taube** mit dem Ölzweig im Schnabel ist ein altes christliches Friedenszeichen und wird schon in der Geschichte der Arche Noah erwähnt.

Welcher Vogel es nun wirklich war, kann man heute nicht mehr sagen, aber vermutlich handelte es sich nicht um einen Spatz. Diese erste Figur ging langsam kaputt und wurde 1858 durch einen Vogel aus Sandstein ersetzt. Der hielt es aber nur vier Jahre auf dem Dach des Münsters aus, denn das Wetter setzte ihm zu. Er steht noch heute in einer Vitrine im Eingang des Münsters und wer dort vorbeikommt, sollte am

Ulmer Spatz

besten selbst entscheiden, ob der Vogel eher einem Spatz oder einer Taube ähnelt. Für all diejenigen, die gerade nicht die Möglichkeit haben, nach Ulm zu fahren, haben wir diesen Vogel als Foto abgebildet.

Ob 1889 beim dritten Vogel aus Adler oder Taube tatsächlich ein Spatz wurde, kann man auch nicht mit Sicherheit sagen. Immerhin könnte diese Verwandlung stattgefunden haben, denn schon damals wurde eine LEGENDE über den Bau des Ulmer Münsters erzählt, in der ein Spatz die Hauptrolle spielte. Demnach wollten die Ulmer einen mit Holzbalken beladenen Wagen in die Stadt fahren. Die Balken wurden für den Bau des neuen Münsters gebraucht. Die Ulmer hatten die Holzbalken quer auf das Fuhrwerk gelegt. Als sie zum schmalen Stadttor kamen, passte der Wagen nicht hindurch, und man befürchtete schon, man müsse das ganze Tor einreißen. Da flog ein Spatz mit einem Strohhalm im Schnabel herbei. Er hatte sein Nest in einer schmalen Nische im Torbogen, und als er den Strohhalm nicht quer in die Lücke bekam, nahm er ihn längs in den Schnabel und schob ihn durch die schmale Öffnung. Die Ulmer machten es ihm nach, luden die Balken längs auf das Fuhrwerk und bekamen sie so in die Stadt. Das Münster konnte gebaut werden und zum Dank für seine Hilfe sollen sie dem Spatzen ein Denkmal auf das Dach der Kirche gesetzt haben.

Der Vogel, der heute noch immer auf dem Dach sitzt, ist so klein, dass man ihn, wenn man vor dem Ulmer Münster steht, gar nicht erkennen kann. Wenn ihr ihn sehen möchtet,

müsst ihr erst die 768 Stufen im Turm der Kirche erklimmen. Wer oben angekommen ist, sieht nicht nur den »goldenen Spatz«, sondern steht gleichzeitig auf dem HÖCHSTEN KIRCHTURM der Welt. Mit 161,53 Metern schlägt er die Türme des Kölner Doms um vier Meter. Das war den Bauherren damals sehr wichtig. Ursprünglich war der Ulmer Kirchturm nur 156 Meter hoch geplant. Als man aber hörte, dass die Türme des Kölner Doms 158 Meter hoch werden sollten, erhöhte man sicherheitshalber noch einmal um fünf Meter, damit man auch ganz bestimmt den höchsten Kirchturm der Welt hatte. Und diesen Rekord hält das Ulmer Münster bis heute.

Ulmer Münster

Wie viele Burgen gibt es in Deutschland und welche ist die größte?

Als wir diese Frage lasen, dachten wir, das ist ja alles ganz einfach. Sicher gibt es ein Verzeichnis aller Burgen in Deutschland, und darin wird nicht nur ihre Anzahl, sondern auch ihre Größe angegeben sein. Weit gefehlt! Eine solche Übersicht wird gerade erst erstellt, und es wird noch Jahre dauern, bis es genauere Zahlen gibt. Vorerst kann man also nur schätzen.

Wir haben deshalb einen Burgenexperten gefragt und der hat uns verschiedene Zahlen genannt. Er schätzt, dass es in Deutschland insgesamt 20 000 bis 25 000 Burgen gegeben hat. Die meisten davon stehen schon lange nicht mehr. Er vermutet, dass es aber noch ungefähr 5000 bis 8000 BURGEN gibt, die zwar nicht alle vollständig erhalten sind, von denen man aber zumindest noch Ruinen sehen kann.

Von den ersten Burgen, die im FRÜHMITTELALTER von 600 bis 1000 nach Christus gebaut wurden, findet man bei Ausgrabungen höchstens noch einzelne Überreste. Das liegt daran, dass diese Burgen aus HOLZ und ERDE errichtet wurden und deshalb längst zerfallen sind. Am Anfang waren es vor allem FLUCHTBURGEN, die nur bei Angriffen zum Rückzug genutzt wurden. Erst später wurden sie zu Befestigungen, in denen man wohnte und von denen aus der adelige Besitz verwaltet wurde. Um eine Burg verlief meist eine Burgmauer oder ein Wall. Außerdem gab es zur Sicherung den Burggraben. Nur durch Tore kam man in die BEFESTIGUNG hinein.

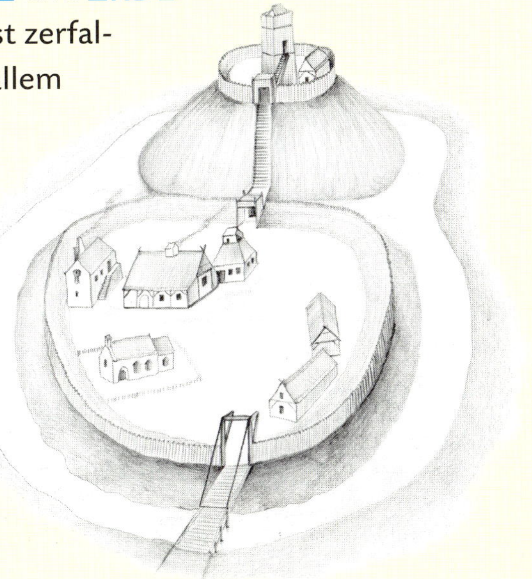

Die Burgen im 11. und 12. Jahrhundert waren aus Holz gebaut. Als Zuflucht diente der Wehrturm auf einem Erdhügel.

Ab 1150 bis ungefähr 1400 nach Christus boomte der Burgenbau. In dieser Zeit wurden die meisten Burganlagen errichtet. Anders als oft vermutet, wurden sie weniger zum Schutz vor Überfällen gebaut, sondern vielmehr um zu zeigen, wie mächtig und reich ihre adeligen Bewohner waren.

Mit den Bauernkriegen von 1525, bei denen viele Burgen zerstört und danach nicht wieder errichtet wurden, endet das Kapitel des Burgenbaus in Deutschland.

Aus der Zeit nach 1150 sind noch viele Burgen erhalten. Welches die größte ist, konnte uns keiner sagen. Es gibt aber mehrere, die in die engere Auswahl kommen. Als eine der größten Burgen in Deutschland gilt BURG BURGHAUSEN in BAYERN. Mit Sicherheit ist sie die LÄNGSTE BURG EUROPAS.

Burg Burghausen

Die Burg zieht sich über einen Kilometer auf einem Bergrücken entlang. Wer die Hauptburg erreichen möchte, muss vorher durch fünf Vorburgen hindurchgehen. Hier befanden sich früher die Wohnungen des Personals, Werkstätten und Pferdestallungen. Burghausen war ab 1255 der Zweitwohnsitz der niederbayerischen Herzöge und ihrer Frauen. Das bedeutet, Burg Burghausen wurde von ihnen nur ab und an bewohnt, denn Landshut war damals so etwas wie die Hauptstadt von Bayern. Hier lebten die Herzöge die meiste Zeit, um zu regieren. Oft lebte aber die Ehefrau mit den Kindern auf Burghausen. Sehr viel Geld steckte ab 1479 Georg der Reiche in diese Burg. Zum einen verstärkte er ihre Befestigung aus Sorge vor Angriffen durch die Türken, zum anderen baute er die Wohnhäuser aus. Seine Frau, die polnische Prinzessin Hedwig, war nämlich luxuriöses Wohnen gewöhnt und sollte auch auf Burghausen standesgemäß mit ihrem Hofstaat leben.

Burg Burghausen gehört zu den größten erhaltenen Burgen Deutschlands. Eine der größten Burgruinen ist die der Festung Hohentwiel in Baden-Württemberg. Bereits im Jahr 914 wird vom Bau dieser Festungsanlage berichtet. Sie wurde später zur Residenz der Herzöge von Schwaben ausgebaut. Ihre Besitzer wechselten oft und teilweise lebten dort bis zu 300 Menschen. Im Jahr 1800 eroberten die französischen Truppen Napoleons die Burg. Napoleon gab den Befehl, Hohentwiel zu schleifen. »Schleifen« bedeutete, dass die Burg bis auf die Grundmauern eingerissen und so unbewohnbar gemacht werden sollte. Aber nicht alles wurde zerstört. So kann man auch heute noch einige Tore und Überreste der früheren Kaserne, der Bäckerei und einer Apotheke erkennen.

Die Wewelsburg bei Büren in Nordrhein-Westfalen soll die einzige im Dreieck gebaute Burg Deutschlands sein. Und den tiefsten Brunnen hat die Burg Kyffhausen in Thüringen. Er reichte 176 Meter tief in die Erde.

Warum sind in Norddeutschland die Häuser reetgedeckt?

Wer herausfinden möchte, warum man in Norddeutschland **Reet** für die Dächer verwendet, der sollte am besten einen Spaziergang entlang der Küste unternehmen. Dort wo der Boden feucht und sumpfig ist, sieht man große Flächen, auf denen drei bis vier Meter hohe **Schilfpflanzen** wachsen. Es sind die Stängel dieser Pflanze, mit denen die Reetdächer gedeckt werden. Man deckt die Dächer mit Reet, weil das Baumaterial direkt vor Ort wächst und deshalb einfach zu bekommen ist.

Reeternte auf der Insel Fehmarn

Das wussten schon die GERMANEN zu schätzen, als sie vor rund 2500 Jahren in dieser Gegend sesshaft wurden. Sie verwendeten zum Bau ihrer Häuser das, was sie in ihrer Umgebung fanden: Lehm und Holz für die Wände und Gräser für das Dach. Schilf zählt auch zu den Gräsern und ist zum Abdichten von Dächern besonders gut geeignet. Man verwendet dafür nur den Stängel der Pflanze. Der ist sehr widerstandsfähig, sodass ihm Regen, Sonne oder Hitze wenig anhaben können. Manche Reetdächer halten deshalb bis zu 100 Jahre.

Der Schilfstängel ist hohl wie ein Rohr. In ihm befindet sich Luft und durch dieses Luftpolster dämmt Reet das Haus besonders gut gegen Kälte im Winter und Hitze im Sommer. Bis ins 16. Jahrhundert waren die Häuser in Norddeutschland meist mit Reet gedeckt. In den Städten gab es aber schon einzelne Häuser, zum Beispiel Rathäuser, Kirchen, Klöster und die Häuser der Wohlhabenden, die aus Backstein gebaut und mit Ziegeln gedeckt wurden. Gerade in den Städten, wo die Häuser eng beieinanderstanden, hatte Reet nämlich einen entscheidenden Nachteil: Es BRANNTE LEICHT. Wenn ein Dach brannte, sprang das Feuer schnell auf andere Häuser über. Auch deshalb wurden in den Städten mehr und mehr Häuser mit ZIEGELDÄCHERN versehen, während das Reetdach bei den Häusern der Bauern und Fischer auf dem Land erhalten blieb.

Fachwerkhaus mit Reetdach bei Rostock

Damit das Reet eine gute Qualität hat, muss es einmal im Jahr GEERNTET werden. Das geschieht im Winter, wenn die Blätter von den Stängeln gefallen sind. Meist wartet man bis zum FROST, damit das sumpfige Gelände und die Seen gefroren sind. Dann kann man das Schilf gefahrlos mit Sicheln oder Erntemaschinen schneiden. Es wird ausgekämmt, um letzte Blätter und kurze Halme zu entfernen, und anschließend bindet man die Stängel zu dicken Bündeln zusammen und stellt sie zum Trocknen auf. Getrocknet ist das Reet schon fertig und kann zum Dachdecken verwendet werden.

Wenn ihr noch nie eine Schilfernte gesehen habt, so ist das nicht verwunderlich. Das meiste Reet kommt heute aus dem Ausland. Das liegt daran, dass in Deutschland die Schilfgebiete kleiner geworden sind und teilweise auch unter Naturschutz stehen. Im Schilf nisten nämlich viele Vögel wie die Zwergrohrdommel oder der Schilfrohrsänger. Werden die Halme jedes Jahr abgeschnitten, fehlt ihnen der Platz, um Nester zu bauen.

Den Himmelsstürmer haben wir in KASSEL gefunden. Aber nicht, wie man aufgrund des Namens vermuten könnte, in einem Fußballverein. Der Mann ist kein himmlisch guter Stürmer, der die gegnerische Abwehr locker umspielt, sondern ein Kunstwerk, das vor dem Kulturbahnhof der Stadt steht.

1992 kam der Himmelsstürmer nach Kassel. Damals fand die neunte DOCUMENTA statt. Das ist eine große und bedeutende Kunstausstellung, die es alle fünf Jahre gibt. Hier werden Kunstwerke von heute lebenden Künstlern gezeigt. Der Künstler, der den Mann mit gelber

Jonathan Borofskys
»Man walking to the sky«

Hose und violettem T-Shirt auf einem 25 Meter langen Stahlrohr in den Himmel spazieren lässt, heißt Jonathan Borofsky. Er nannte sein Kunstwerk »Man walking to the sky«, was übersetzt heißt: »Mann, der in den Himmel geht«. Die Kasseler haben daraus schnell Himmelsstürmer gemacht.

Wie häufig bei Kunstwerken, versteht auch den Himmelsstürmer jeder ein bisschen anders: Der Mann könnte zum Beispiel geradewegs in den Himmel laufen, er könnte aber auch abstürzen. Die Kasseler finden, er steht für die aufstrebende Entwicklung ihrer Stadt.
Jonathan Borofsky hatte die Idee zu diesem Kunstwerk, als er sich an seine Kindheit erinnerte. Als er sechs Jahre alt war, erzählte ihm sein Vater Geschichten von einem freundlichen Riesen, der im Himmel lebte und den Menschen Gutes tat. In diesen Geschichten trafen Jonathan Borofsky und sein Vater den freundlichen Riesen jeden Tag im Himmel und vermutlich erlebten sie gemeinsam viele schöne Abenteuer. Deshalb würde es nicht verwundern, wenn es Jonathan Borofsky selbst wäre, den es auf dem Kunstwerk Richtung Himmel zieht. Ein bisschen – sagt Jonathan Borofsky – ähnelt ihm der Mann auf dem Stahlrohr auch.

Natürlich war der Himmelsstürmer nur eines von vielen Kunstwerken auf der documenta. Alle fünf Jahre werden hier ganz unterschiedliche moderne Kunstwerke gezeigt. Die Künstler, die ihre Werke ausstellen, kommen von allen Kontinenten der Erde. Entsprechend unterschiedlich ist das, was man zu sehen bekommt. Wenn die Ausstellung nach

100 Tagen vorbei ist, verlassen die meisten Kunstwerke wieder die Stadt. Einige wenige bleiben jedoch in Kassel. Vor der Heinrich-Schütz-Schule steht heute das TRAUMSCHIFF TANTE OLGA, das wie ein riesiges gefaltetes Papierschiff aussieht. Der Künstler Anatol Herzfeld hat es auf dem Wasser zur sechsten documenta gebracht. Vor der Schule hat es einen guten Platz gefunden, denn die Idee des Künstlers war es, mit Olga den Kindern ihre Träume zurückzubringen.

»Traumschiff Tante Olga« von Anatol Herzfeld

Solltet ihr am Ufer der Fulda eine riesige SPITZHACKE sehen, die mit ihrer Spitze fest im Boden steckt, dann seid ihr auf ein Kunstwerk gestoßen, das Claes Oldenburg 1982 hier hinterließ. Nach seiner Vorstellung soll Herkules die Spitzhacke an das Ufer geworfen haben. Tatsächlich gibt es in einiger Entfernung eine große Herkulesstatue, und wer weiß, immerhin war Herkules der Sage nach ziemlich stark …

Claes Oldenburgs »Spitzhacke«

Wie kommt der Daumen des Teufels in den Löwenkopf am Aachener Dom?

Welchen Ärger man sich einhandeln kann, wenn man beim Bau einer Kirche die Hilfe des Teufels in Anspruch nimmt, haben wir schon beim Trierer Dom erfahren RHEINLAND-PFALZ. Auch die Aachener haben versucht, den TEUFEL zu überlisten. Was daraus geworden ist, könnt ihr noch heute an der Tür des Hauptportals sehen.

Aber bevor wir die Geschichte vom Ende her aufrollen, starten wir besser ganz vorne, und zwar im Mittelalter, so um 800 nach Christus. KAISER KARL DER GROSSE hatte beschlossen, zu Ehren Gottes einen DOM bauen zu lassen. So ein Kirchenbau verschlingt eine Menge Zeit und Geld. Während Karl der Große in anderen Teilen seines Reiches unterwegs war, ging den Aachenern das Geld für den Dombau aus. Die Kirche sollte aber fertig sein, bevor der Kaiser zurückkam. In ihrer Not wandten sich die Aachener deshalb an den Teufel, der auch sofort bereit war zu helfen – allerdings für einen hohen PREIS: Er forderte im Gegenzug für seine Hilfe die Seele desjenigen, der als Erster die fertig gebaute Kirche betrat. Das ist normalerweise ein hoher Kirchenmann, in Aachen also der Bischof oder der Papst. Nun wollte natürlich kein Aachener einen Kirchenmann opfern und man überlegte sich eine List.

Der Teufel wartete also in der Kirche auf denjenigen, der zuerst den Dom betrat. Da trieben die Aachener statt eines Menschen einen Wolf durch das Portal. Der Teufel stürzte sich gierig auf das Tier und entriss ihm die Seele. Als er den Betrug bemerkte, rannte der Teufel wütend aus dem Dom und schlug die Tür mit voller Wucht zu. Dabei klemmte er sich den DAUMEN in einem der Türgriffe ein, die die Form von LÖWENKÖPFEN haben. Der Daumen riss ab und ist, so sagt es die Legende, noch heute im Maul des einen Löwen zu ertasten.

Löwenkopf-Türgriffe

Tatsächlich fühlt man im Maul des rechten Löwen eine Unebenheit. Und wer weiter an die Legende glauben möchte, der sollte hier aufhören zu lesen.

Allen anderen wollen wir aber nicht verheimlichen, dass es sich wohl entweder um den Rest eines Türrings handelt, der früher durch das Löwenmaul verlief, oder dass die Unebenheit ein Fehler beim Gießen des Türgriffs war.

Was sind Nonnenfürzle?

Wer denkt bei diesem Namen nicht unweigerlich an wenig wohlriechende Gase aus der Darmgegend? Pupse und Nonnen – das klingt spannend. Wir wollten natürlich wissen, ob die Nonnenfürzle damit tatsächlich etwas zu tun haben.

So viel schon mal vorweg: Es hat sich gelohnt nachzuforschen. Und was den Geruch angeht: Es roch ausnehmend gut! Das lag vermutlich daran, dass wir den Nonnenfürzle in der Küche begegnet sind. Dort entstehen sie nämlich. Aber nicht etwa dadurch, dass eine Nonne zu viele Zwiebeln oder Bohnen gegessen hat.

Nonnenfürzle werden in der KÜCHE folgendermaßen hergestellt.

Zutaten:

- 1/4 l Milch
- 80 g Butter
- Eine Prise Salz
- 20 g Zucker
- 250 g Mehl
- 6 Eier
- Fett zum Ausbacken
- Apfelmus

Zuerst die Milch mit Butter, Salz und Zucker aufkochen. Das Mehl hinzugeben und so lange rühren, bis sich der Teig vom Topfboden löst. Das Ganze etwas abkühlen lassen und mit einem Holzlöffel die Eier nacheinander unterarbeiten. Mit einem Löffel kleine Kugeln abstechen und im heißen Fett schwimmend goldgelb backen. Zum Schluss die Krapfen mit Puderzucker bestreuen.

So, die Nachforschungen in der Küche haben uns zwar die Sorge vor fiesen Gerüchen genommen und geklärt, was NONNENFÜRZLE sind, aber wie sie zu ihrem seltsamen Namen kamen, wissen wir noch nicht.
Da half dann ein Anruf im Museum für Brotkultur weiter. Dort sagte man uns, dass man nicht sicher wisse, woher der Name komme. Es gäbe aber mehrere mögliche Erklärungen:

- Die eine Erklärung besagt, dass die Nonnenfürzle früher gefüllt waren. Fürzle wäre dann von FÄRZEN abgeleitet, was »Füllung« bedeutet. Nonnenfürzle waren demnach von Nonnen hergestelltes, gefülltes Gebäck.
- Möglich wäre auch, dass das Gebäck eigentlich korrekt NONNENFÜRTCHEN heißen müsste. Das leitet sich von »Nunnekenfurt« ab, was so viel bedeutet wie »von Nonnen am besten zubereitet«. Das klingt gut.
- Was wir auch noch herausgefunden haben, ist, dass die Teigballen, wenn sie ins heiße Öl kommen, PUPSENDE GERÄUSCHE von sich geben, weil die Luft entweicht. Vielleicht kommt der Name auch von diesen Geräuschen.

Da man nicht sicher sagen kann, welche Erklärung richtig ist, kann sich jeder seine Lieblingsversion aussuchen.

Ebenfalls aus dem Süddeutschen kommt ein zweites Gericht mit witzigem Namen, das **HERRGOTTSBSCHEISSERLE**. Diesmal spielen allerdings Mönche und nicht Nonnen die Hauptrolle: Angeblich sollen **MÖNCHE** im Mittelalter, als Armut und Hunger herrschten, von einem Bauern ein Stück Fleisch geschenkt bekommen haben. Dummerweise geschah das genau am Gründonnerstag, also in der Fastenzeit, in der es Gläubigen verboten ist, Fleisch zu essen. Da sie Hunger hatten und das Fleisch nicht schlecht werden lassen wollten, entschieden sie sich für einen Trick: Das Fleisch wurde klein gehackt und mit Spinat, Zwiebeln, Petersilie und Brotresten vermischt, damit es wie ein Gemüsebrei aussah. Damit Gott auch ganz sicher nichts von dem Betrug mitbekam, wurde das Ganze mit Nudelteig umhüllt und so vor seinen Augen versteckt. Die Nudeln schwammen dann ganz harmlos in Gemüsebrühe. Weil sich das Ganze im Kloster Maulbronn abgespielt haben soll, heißen die gefüllten Nudeltaschen auch **MAULTASCHEN**. Und weil man den Herrgott über's Ohr gehauen hat, nennt man sie eben auch »Herrgottsbscheißerle«.

Wo findet man das lauteste Echo der Welt?

Wer sich in BAYERN gerade laut streitet, der sollte darauf achten, wo er das tut. Ist man zum Beispiel mit dem Boot auf dem Königssee unterwegs und sagt in der Wut laut »Blödmann« zu einem Freund, kann es durchaus passieren, dass die Beschimpfung postwendend zurückkommt. Allerdings nicht aus dem Mund des Freundes, auf den man gerade sauer ist. Was man da hört, ist das ECHO der eigenen Worte.

Damit ein Echo entsteht, braucht es

- Luft,
- eine große Fläche, wie zum Beispiel einen Berg, und
- Töne, also zum Beispiel jemanden, der ruft.

Immer wenn wir Töne von uns geben, also sprechen, singen oder rufen, dann erzeugen wir mit unseren Stimmbändern SCHALLWELLEN. Schallwellen sind bewegte Luft. Wie Wellen im Meer wandern auch Schallwellen vorwärts. Sie wandern zum Beispiel von eurem Mund zum Ohr des Freundes. Der hört dann, was ihr gerade gesagt habt. Eigentlich bewegen sich Schallwellen immer von ihrer Entstehungsquelle weg.

→ Beim Echo passiert aber etwas Spannendes: Zuerst bewegen sich die Schallwellen vom Rufenden weg und treffen dann auf ein Hindernis, zum Beispiel einen Berg oder eine Wand. Dort werden die Wellen reflektiert, das bedeutet zurückgeworfen. Dadurch hört man das, was man ausgesprochen hat, kurze Zeit später noch einmal.

Ob ein Echo entsteht, hängt von vielen Dingen ab, zum Beispiel muss die Entfernung des Rufers vom Berg groß genug sein. Auch darf der Berg nicht bewaldet sein, denn sonst werden die Schallwellen verschluckt. Eine glatte FELSWAND ist besser geeignet.

Am KÖNIGSSEE gibt es ideale Voraussetzungen für ein Echo. Der See wird von steil aufragenden Felsen eingerahmt. Der bekannteste Platz für ein schönes Echo ist die »Echowand«, ein großer glatter Felsen direkt am Ufer. Um dorthin zu kommen, fährt man mit Elektrobooten auf den See hinaus. Dann spielt der Bootsführer Trompete und kurze Zeit später schallt die Melodie als Echo mehrmals laut zurück. Die Töne werden dabei von drei Felswänden immer wieder zurückgeworfen. Ein schönes Echo, aber ob es wirklich das lauteste Echo der Welt ist, das konnten wir nicht endgültig klären.

»Echowand«, Königssee

Wer ist der Wolpertinger?

Der Wolpertinger begegnet in BAYERN vor allem Fremden, die sich hier, nichts Böses ahnend, zum Beispiel im Urlaub aufhalten. Sitzt man im Winter in einem Sessellift und fragt arglos den bayerischen Nachbarn, was das unter dem Lift für seltsame Spuren im Schnee seien, dann erhält man nicht selten die Antwort, die kämen mit Sicherheit vom WOLPERTINGER.

»Wolpertinger ... nie gehört«, so geht das Gespräch weiter, und schon erfährt der Fremde ganz neue Dinge über die bayerische Tierwelt und dieses ganz spezielle, äußerst scheue Wesen. Es hat den Kopf eines Hasen, allerdings mit Hörnern, und scharfe Vorderzähne. Seine Vorderbeine ähneln denen eines Hamsters, die Hinterbeine eher einer Ente. Manche Exemplare besitzen auch Flügel. Er wurde auch schon als Hirschbockbirkfuchsauergams beschrieben. Überhaupt verändert der Wolpertinger des Öfteren sein Aussehen, je nachdem wer von ihm berichtet. Liegt das vielleicht daran, dass das Tier nur sehr selten gesichtet wird?

Den Wolpertinger zu fangen, stellt eine fast unlösbare Aufgabe dar. Um ihn zu erwischen, muss man dem Tier nämlich angeblich erst einmal Salz auf den Schwanz streuen. Das erweist sich bei diesem scheuen Wesen als sehr schwierig. Auch bei dem, was der Wolpertinger frisst, ist man sich nicht einig. Manche behaupten, er fräße Käfer, Würmer und Pflanzen.

Wir wollten es genau wissen und haben beim Münchner Jagd- und Fischereimuseum nachgefragt. Die haben nur gelacht und dann geantwortet, dass der Wolpertinger sich ausschließlich von preußischen Weichschädeln ernähre. Spätestens jetzt wurde uns klar, dass uns hier jemand veräppeln will und dass der Wolpertinger wohl in das Reich der Fantasie gehört.

Der Wolpertinger hat in anderen Gegenden Deutschlands übrigens Verwandte, die zwar andere Namen tragen und anders aussehen, aber wie der Wolpertinger der Fantasie der Einheimischen entspringen. So geht man in der Pfalz nachts gerne auf Jagd nach ELWETRITSCHEN. Diese vogelähnlichen Wesen, die allerdings nicht fliegen können, fängt man angeblich mit Säcken. Der Fänger, meist ein ahnungsloser Fremder, hält den Sack in der Hand, während ihm die Treiber mit Rufen und Stöcken die Elwetritsche zutreiben. Irgendwann stellt der Fänger dann meist fest, dass von Elwetritschen nichts zu sehen ist und auch die Treiber verschwunden sind. Auch er wurde veräppelt, und nachdem er längere Zeit durch den unbekannten Wald geirrt ist, kehrt er – natürlich ohne Beute – unter dem Hohngelächter der anderen zurück.

Elwetritsch

Mit dem Wolpertinger nah verwandt scheinen der RASSELBOCK aus THÜRINGEN und der DILLDAPP aus HESSEN zu sein. Zumindest wenn man sich die Schilderungen anhört, wonach sich die Tiere erstaunlich ähneln.

Wenn auch nichts Genaueres über diese seltsamen Fabelwesen zu erfahren ist, eines steht fest: Sie alle sollen ahnungslose Fremde an der Nase herumführen.

Wo dürfen Kühe Boot fahren?

Als wir den Ort gefunden hatten, wo Kühe zweimal im Jahr Boot fahren dürfen, haben wir uns gefragt, ob Rinder vielleicht musikalischer sind, als wir bislang wussten. Denn, man glaubt es kaum, sie machen genau auf dem See ihre Bootstour, auf dem wir auch schon das Echo der Trompete gehört haben. Es ist der KÖNIGSSEE.

Wir hatten schon überlegt, ob die Bootsfahrt mit den Kühen vielleicht so etwas wie der jährliche Betriebsausflug eines Bauernhofes ist. Aber bei der Echowand wird nicht angehalten und das Trompetenspiel bekommen die Tiere auch nicht zu hören. Nein, hat man uns erklärt, die Bootsfahrt hat einen ganz anderen Grund: In dieser Gegend werden die Rinder jeden Sommer auf Almen getrieben. Eine ALM ist eine in den Bergen gelegene Weide, die nur im Sommer, wenn kein Schnee liegt, genutzt werden kann. Weil das Futter im Tal früher nicht für das ganze Jahr reichte, trieben die Bauern ihre Rinder im Frühsommer auf die Bergweiden. Dort wurden die Tiere von einem Senner, also einem Hirten, versorgt und im Herbst wieder zurück ins Tal gebracht.

Obwohl das Futter heute reicht, dürfen die Kühe aus alter Tradition immer noch auf die Almen. Normalerweise müssen sie diesen Weg zu Fuß machen. Am Königssee aber gibt es zwei Almen, die man nicht über den Landweg erreichen kann, weil die Bergklippen zu steil sind: Es sind die Salletalm und die Fischunkelalm.

Für die Kühe, die hier weiden sollen, gibt es nur den Weg über das Wasser. Deshalb werden die Tiere jeden Frühsommer auf LANDAUER, das sind breite, flache Boote, verladen und zu den Almen gefahren.

Während der Almauftrieb am Anfang des Sommers kaum beachtet wird, ist der Almabtrieb im Herbst ein großes Ereignis. Dann bastelt der Senner einen bunten und sehr aufwendigen Kopfschmuck für die Tiere, den »Fuikln«. Feierlich geschmückt ziehen die Rinder in einer Prozession ins Tal. Die Tiere der Salletalm und der Fischunkelalm müssen natürlich genauso ins Tal wie ihre Artgenossen. Aber auch zurück → geht es für sie nur mit dem Boot. Ihren Schmuck, den Fuikln, bekommen sie allerdings erst, wenn alle nach der Überfahrt heil am Ufer gelandet sind. Eine Bootsfahrt mit dem Schmuck wäre doch etwas zu stressig für die Tiere.

Wo findet man Hühnergötter, Klappersteine, Donnerkeile und Katzengold?

Wer diese Dinge mit den kuriosen Namen sucht, wird weder in einer Tierhandlung noch im Heimwerkerfachmarkt fündig. Auch in keinem anderen Geschäft gibt es Hühnergötter, Klappersteine, Donnerkeile und Katzengold zu kaufen. Es hilft nichts, man muss sie wirklich finden. Der beste Ort, die Suche zu beginnen, ist der **Ostseestrand.**

Fangen wir mit den Hühnergöttern an. Wenn ihr nach ihnen Ausschau haltet, dann müsst ihr Feuersteine suchen, die ein oder mehrere Löcher haben.

Hühnergötter

Ein Hühnergott ist nur echt, wenn das Loch auf natürliche Weise entstanden ist und nicht in den Stein hineingebohrt wurde. Ursprünglich besteht ein Hühnergott aus Feuerstein, der mit Kreide durchsetzt ist. Das Meer wäscht mit den Jahren die weichere Kreide aus dem Stein. Und dort, wo vorher die Kreide war, entsteht das Loch.

HÜHNERGÖTTER gelten als Glücksbringer. Ihnen werden viele geheimnisvolle Eigenschaften zugeschrieben. Früher legte man die gelochten Steine in die Nester der Hühner, weil man glaubte, dass die Tiere dadurch mehr Eier legen würden. Auch sollen Hühnergötter, auf eine Schnur gefädelt und vor den Stall gehängt, die Hühner vor Gefahr schützen. Ob das wirklich geholfen hat, wissen wir nicht. Aber vermutlich haben die Steine daher ihren Namen.

Wesentlich seltener als Hühnergötter sind KLAPPERSTEINE zu finden. Wenn man einen solchen Stein ans Ohr hält und schüttelt, dann klappert er tatsächlich. Das liegt daran, dass auch hier das Meer ganze Arbeit geleistet hat. Ein Klapperstein besteht aus Feuerstein, der das Skelett eines abgestorbenen Schwamms umhüllt. Ein Schwamm ist ein Tier, das im Meer lebt. Dringt nun Meerwasser durch ein Loch in den Feuerstein, dann löst es das Skelett langsam auf. Durch das Loch werden die Reste herausgespült. Wenn man den Stein zu einer Zeit findet, in der das Skelett bis auf einen kleinen Rest aufgelöst ist, dann klappert dieser kleine Schwammrest beim Schütteln im Feuerstein. Ein Klapperstein ist nur echt, wenn er auch ein Loch enthält, denn ohne das eindringende Wasser hätte er nicht entstehen können.

Wer DONNERKEILE findet, hält die versteinerten Überreste von Tieren in der Hand, die schon vor 65 Millionen Jahren ausgestorben sind. Es waren Kopffüßler, wirbellose Weichtiere, die den heutigen Tintenfischen ähnelten. Das, was versteinerte, war ein Teil des Skeletts der Tiere. Wenn ihr heute einen Donnerkeil findet, könnt ihr daran sogar ablesen, wie alt das Tier geworden ist. Wie bei einem Baum müsst ihr die Ringe im Querschnitt des Donnerkeiles zählen.

Versteinerte Seeigel und Donnerkeile

Vermutlich werdet ihr nicht mehr als vier Ringe finden, denn viel älter als vier Jahre wurden diese Tiere nicht.

Und jetzt zum KATZENGOLD: Wer das findet, sollte nicht davon ausgehen, dass er mit einem Schlag steinreich geworden ist. Katzengold ist ein Mineral, das golden glänzt und deshalb oft mit dem teuren Edelmetall (Gold) verwechselt wird. Es wird deshalb nicht nur »Katzengold«, sondern auch »Narrengold« genannt. Es handelt sich dabei um Pyrit.

Katzengold

Aus unserer heutigen Sicht ist Pyrit nicht besonders wertvoll, doch für die Menschen in der Steinzeit hatte das Mineral einen hohen Wert. Um Feuer zu machen, brauchte man nämlich nicht nur einen Feuerstein, sondern auch Pyrit. Nur wenn man diese beiden aneinanderschlug, entstanden Funken. Katzengold solltet ihr besser nicht mit nach Hause nehmen. Da Pyrit Schwefel enthält, fängt es nach einiger Zeit kräftig an zu stinken.

Was ist die Rosstrappe?

Wenn man nach der Rosstrappe sucht, kann man zwei Wege wählen: Der eine führt über einen Wanderweg durch den Harz und endet an einem Felsen, der Rosstrappe heißt. Der andere Weg führt in die Bibliothek zu den Büchern mit den MÄRCHEN der GEBRÜDER GRIMM. Eine der nicht so bekannten Erzählungen handelt von der Rosstrappe.

Da Deutschland auch ein Land der Märchen und Sagen ist, haben wir uns entschieden, das Buch mit einem Märchen zu beenden. Es handelt, wie so oft, von einer schönen PRINZESSIN und einem fürchterlichen Riesen. Der RIESE hieß BODO. Er war stark und mächtig und schrecklich verliebt in Emma, die Tochter des Königs. Er wollte sie zur Frau, doch Emma hatte Bodo schon öfter abgewiesen. Eines Tages, als

Bodo Emma auf ihrem weißen Ross durch den Wald reiten sah, beschloss er, sie mit Gewalt zu seiner Frau zu machen. Er trieb sein Pferd vorwärts und verfolgte die schöne Königstochter. Sie floh über Berge und durch Wälder bis in den HARZ. Dort endete der Weg plötzlich an einer breiten und tiefen Schlucht. Im Tal rauschte ein wilder Fluss, hinter sich hörte sie Bodos Pferd und in ihrer Angst gab Emma ihrem Pferd die Sporen. Es flog, von mächtigen Geistern unterstützt, über die breite Schlucht und schlug mit dem Huf kräftig auf dem gegenüberliegenden Felsen auf. Der Abdruck des Hufes grub sich für alle Zeit als ROSSTRAPPE in den Stein ein.

Während des Sprungs über die Schlucht verlor Emma ihre goldene Krone. Bodo, der ihr folgte, stürzte mit seinem Pferd in die Tiefe. Dort verwandelte er sich in einen schwarzen Hund, der seitdem die goldene Krone von Emma bewacht. Deshalb ist es niemandem je gelungen, diese Krone zu bergen.

Dem Fluss bei der Rosstrappe gab Bodo seinen Namen. Er heißt BODE und auf dem Felsen erkennt man tatsächlich einen hufeisenförmigen Abdruck.

An dieser Stelle endet das Märchen und wir müssen euch noch einmal kurz in die Wirklichkeit zurückholen: Wissenschaftler gehen nämlich davon aus, dass dieser Abdruck nicht von einem Huf stammt, sondern früher ein Opferbecken war, das die Germanen in den Stein gehauen haben. Das zweifelt heute keiner mehr an, aber dennoch gilt: Wenn Emma nicht gestorben ist, dann lebt sie noch heute.

Unser herzlicher Dank gilt:

Werner Essmüller, Dr. Dieter Ewringmann, Dr. Maja Ewringmann, Prof. Dr. Nikolaus Froitzheim, Gero Himmel, Volker Jünemann, Beatrix Kunkel, Mark Mehrländer, Gerhard Müller-Westermeier, Carolin Nase, Henning Nase, Michael Nicolaysen, Gabi Niethammer, Fritz Pfaffl, Madeleine Plogmeier, Petra Plogmeier, Dr. Ulrike Pospiech, Angela Schumacher, Carolin Stock, Wolfgang Stock, Prof. Dr. Jürgen Udolph und allen Statistischen Ämtern des Bundes und der Länder, den Landesämtern für Umwelt und Geologie und dem Deutschen Fußballbund und seinen Mitgliedsverbänden für die zur Verfügung gestellten Daten.

Bildnachweis:

akg-images, Berlin: 17, 118; AP Photo, Frankfurt: 43 (M. Probst), 171 (D. Endlicher), 201 (H. Proepper); Arco Images, Lünen: 57 r. (C. Huetter); Bergmann Dieter: 191; Bildagentur Huber, Garmisch-Partenkirchen: 57 l. (Gräfenhain); Bildarchiv Monheim, Krefeld: 98 (J. Helle); Bilderberg, Hamburg: 29 (M. Engler), 133 l. (M. Horacek), 207 (A. Basta); Corbis, Düsseldorf: 22, 69 (Eurasia Press/S. Vidler); ddp Bilderdienst, Berlin: 88 (Landesmuseum für Vorgeschichte); Deutscher Bundestag, Berlin: 111 (Lichtblick/Achim Melde); Deutscher Taschenbuch Verlag, München: 156 (Werner König: dtv-Atlas Deutsche Sprache. Graphische Gestaltung der Karten von Hans-Joachim Paul. 1978 Deutscher Taschenbuch Verlag, München); Deutscher Wetterdienst 2008: 185, 190; documenta Archiv, Kassel: 203 (Ryszard Kasiewicz), 205 u. (Werner Maschmann); FotoNatur.de, Brekendorf: 67 (H.-W. Grömping), 175 (H. Duty); Hafen Hamburg Marketing, Hamburg: 42 (D. Hasenpusch); LOOK, München: 180 o. (K. Wothe); Mauritius Images, Mittenwald: 131 (F. Mader); mediacolor's, Zürich: 180 u. (dia); Panther Media, München: 18 (G. Polzin), 25 (M. Stöger), 30 r. (S. Georgi), 47 (P. Mortara), 86 (W. Kühn), 103 (M. Gössing), 133 r. (V. Schwarz), 198 (H. Rupprecht), 219 (I. Ebermann), 221 (E. Hintz); Picture-Alliance, Frankfurt: 40 (KPA/Erik W.), 45, 61, 62 (dpa/I. Wagner), 55 (dpa/S. Sauer), 64 (dpa/Fotoreport Ruhrkohle AG), 71 o. (Bildagentur Huber/Gräfenhain), 71 u. (dpa/A. Häsler), 77, 78 (HB Verlag/J. A. Fischer), 83 (dpa/M. Hiekel), 90 (HB-Verlag/K. Kreder), 91 (dpa/W. Pfeiffer), 97 (ZB/J.-P. Kasper), 137 (HB-Verlag/K. Maeritz), 140 (OKAPIA/W. Rohdich), 150 o. (Bildagentur Huber/Müller-St.), 150 u. (Bildagentur Huber/S. Damm), 172 (Okapia/N. Lange), 174 (united-archives/mcphoto), 177 (KPA/L. Werle), 181 (OKAPIA/A. Maywald), 182 (OKAPIA/L. Gerken-S. Ernst), 202 (ZB/H. Wiedl) 217 (dpa/J. Nienheysen), 220 (ZB/S. Sauer); Photodigital: 30 l. (RF); Pitopia, Karlsruhe: 195 (Max); Römerkastell Saalburg: 50; Schapowalow, Hamburg: 120 (Loos); Stadtarchiv Ulm: 194; Steinmüller M. (und Familien), TLG München: 212 (www.geolinde.musin.de); SV-Bilderdienst, München: 109 (Scherl); ullstein bild, Berlin: 33 (Vario-Press), 53 (Haeckel), 82 (Probst), 148 (Shirley), 205 o. (ThomasRosenthal.de); VISUM, Hamburg: 35 (euroluftbild.de); Weltkulturerbe Völklinger Hütte: 75 (Oliver Juchelka); Wikimedia Foundation Inc.: 125 (Illustration © Courtesy of the U.S. Geological Survey), 215 (Ramessos), 28, 38, 116

Wir danken den Repräsentanten der Bundesrepublik Deutschland und der deutschen Bundesländer für die freundliche Unterstützung und das Erteilen der Nutzungsrechte der Bundes-, Landes- und Staatswappen.